一級建築士 矩子《かなこ》と考える 危ないデザイン

著 浅野祐一・鬼ノ仁

編 日経クロステック

日経BP

CONTENTS

第3話 開口部落下

第1話

滑り・つまずき

交通事故の3倍の死者が出る平面上の事故

厚生労働省が2023年9月に公表した2022年の人口動態調査によると、同年に不慮の事故で死亡した人の数は4万3420人に達する。このうち、転倒・転落・墜落が原因となったのは1万1569人で約4分の1を占める。この数は交通事故の3541人を大きく上回っていた。

さらに細かく見ていくと、転落や墜落事故よりも転倒事故の方が死者数は多くなっている。スリップやつまずき、よろめきによって、同一平面上で転倒して死に至った

13ページへ

◉ 不慮の事故による死者数の推移

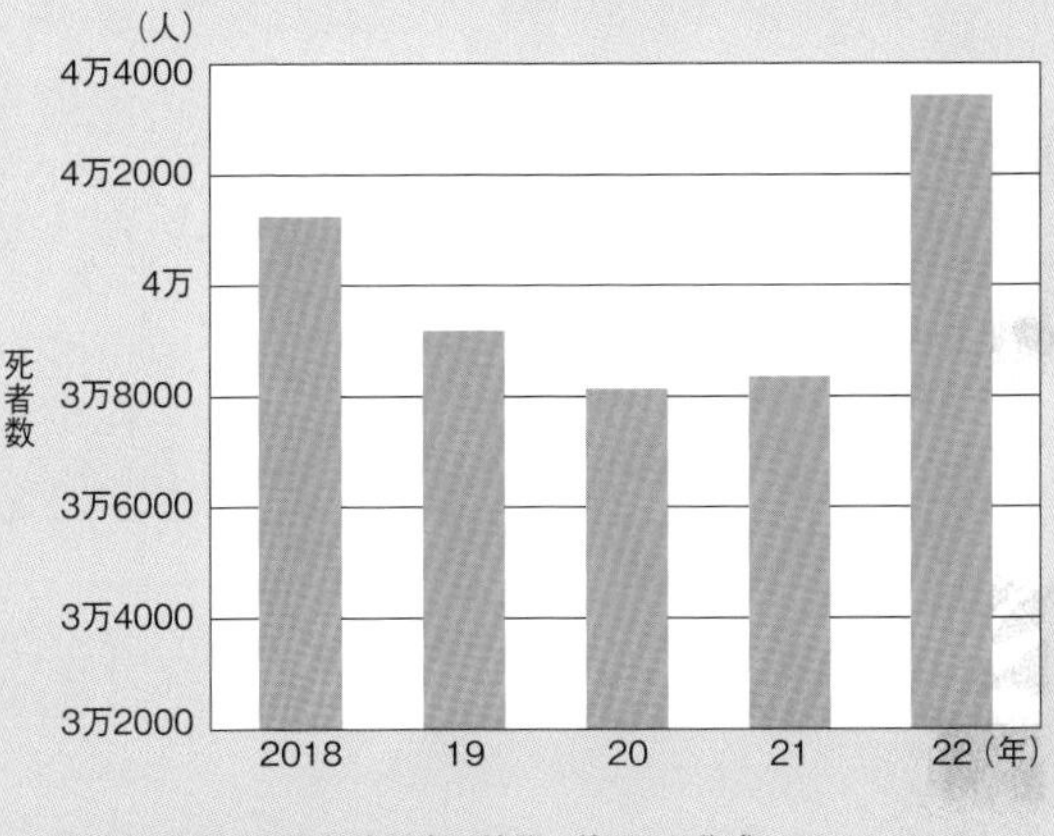

厚生労働省の人口動態調査の結果に基づいて作成

おうっ!?
滑る
つるん!
つまずく
えっ!?
ガッ
おっとっと…
屋外に限らず、建物内でもこうした経験をした人は多いでしょう

まずは「滑る」
表面が鏡面だったりぬれていたりすると起こりやすいですね
ゆず肌状の表面処理を施した大判タイルも、ぬれると思った以上に滑ります
おっと！
北国生まれの矩子が「滑る」という言葉で思いつくのは除雪車が通過後のアイスバーン
転ばないコツは足を真っすぐ下ろす！

◉ 不慮の事故による死因の内訳

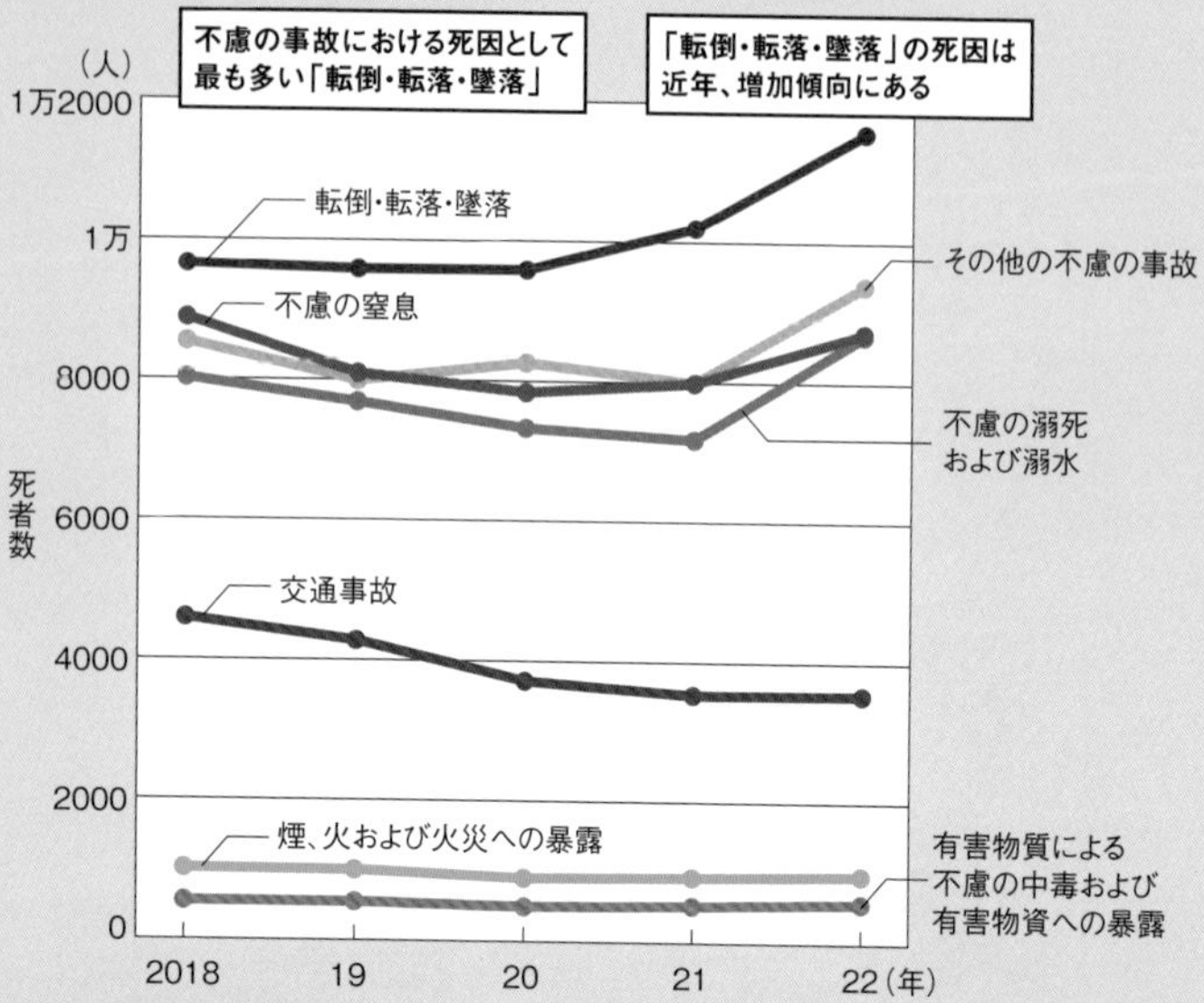
不慮の事故における死因として
最も多い「転倒・転落・墜落」
「転倒・転落・墜落」の死因は
近年、増加傾向にある
(人)
1万2000
1万
8000
6000
4000
2000
0
死者数
転倒・転落・墜落
その他の不慮の事故
不慮の窒息
不慮の溺死
および溺水
交通事故
煙、火および火災への暴露
有害物質による
不慮の中毒および
有害物資への暴露
2018
19
20
21
22(年)

不慮の事故における死因の内訳を2018年から22年までの5年間の推移として整理した。厚生労働省が公表する人口動態調査の結果に基づいて作成

◉ 転倒、転落、墜落による死者の主な死因

死因	死者数
スリップ、つまずきおよび、よろめきによる同一平面上での転倒	9687
階段およびステップからの転落およびその上での転倒	593
建物または建造物からの転落	361

2022年に発生した不慮の事故で、「転倒、転落、墜落」によって死亡した人のさらに詳しい死因。その他の転落に分類される死因を除く上位3件を抽出した。厚生労働省の人口動態調査の結果に基づいて作成

人数は9687人に及ぶ。この数字は、階段やステップからの転落や転倒による死者数の593人を大きく上回る。特に高齢者の死者が目立っている。

まずは、2008年に日経アーキテクチュアの増田剛記者（当時）が記事化した同一平面における滑りによる転倒事例を見ていこう。

地裁は損害賠償を認める

東京・渋谷にある場外馬券売り場「ウインズ渋谷」の敷地内にある縁石で転倒した男性が「研磨された御影石はぬれると滑りやすく、危険だった」として日本中央競馬会（JRA）に損害賠償を求めた裁判がある。

問題となった縁石は、公道の歩道沿いにある幅約10センチメートルの御影石だ。縁石は歩道のこう配に合わせて緩やかに傾斜していた。裁判の資料によると、男性が転倒した日は、朝から雨が降っており、縁石がぬれた状態であった。敷地内に入ろうとした男性はこの縁石に足を載せた途端、滑って転倒。腰椎と左膝関節をねんざした。事故後、JRAは

男性が転倒した縁石は、右側の歩道に沿って緩やかに傾斜する
（写真：下も日経アーキテクチュア）

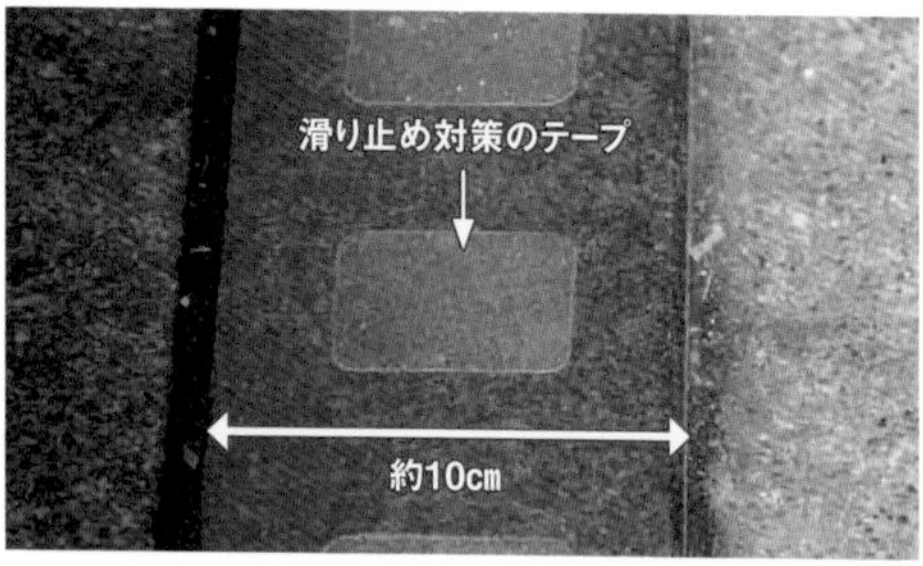

滑り止め対策のテープは、JRAが転倒事故の後に張ったものだ

縁石の表面に滑り止めテープを張った。

裁判で争点となったのは、研磨された御影石が危険な設計であったかどうか。男性は「研磨された御影石は通常でも滑りやすい」、加えて「傾斜地で水滴などが付着した場合には、非常に滑りやすく危険」と主張した。

これに対し、JRAは、転倒した場所の御影石は「何ら特殊・特別なものではなく、ビル街のどこにでも見られるもの」と主張。1986年の改装以来、今回の事故までの約18年間、転倒事故もなかったと反論した。

2006年の東京地方裁判所の判決では、縁石は表面が光を反射するほど滑らかに磨かれたもので、「歩行する者が足を滑らせて転倒する無視し難い可能性をはらんだ状態で敷設されていた」と認め、JRAに約260万円の支払いを命じた。

この判決を不服としたJRAは控訴したものの、その後、男性に和解金を支払ってこの裁判は終わった。

（注）日経アーキテクチュア2008年2月25日号の特集「注意!転ぶデザイン」の一部を再構成。登場する組織、肩書などは取材当時のもの

ウインズ渋谷で研磨された御影石が雨でぬれた際に起こった転倒事例
設計者として、こういうデザインにしたかった理由は分かる気がします
デザイン上のポイントとしてピカッと光る部分を作りたかったのではないかと
長手方向に滑りそう
滑りやすい表面処理であるとともに長尺の材料で目地が少なかったことも事故の一因かもしれません
目地が細かく入っていれば滑り止めの効果を期待できますからね
グリップ!
滑り止め対策としては、屋内なら滑り止めスプレーを使う方法がありますね
汚れが付着しやすいのが難点ですが

滑りやすさに数値基準を

前出の記事や冒頭の統計情報で示したように、ぬれた床面で滑って転倒事故が起こる例は少なくない。２０１６年にはスーパーマーケットで、買い物客がぬれた床に足を取られて転倒し、左肘を骨折。損害賠償を求めてスーパーを経営する小田原百貨店（神奈川県小田原市）を訴え、東京地方裁判所が２０００万円以上の支払いを命じた事例もある。判決が出たのは２０２１年７月と最近の話だ。

この事例以外にも、床や路面で滑って転倒したためにけがを負い、建物の管理者などを訴えるに至った裁判事例は少なからず存在する。こうした裁判で論点の１つになるのが、滑りやすさだ。床がスリップしやすい状態であれば、工作物や営造物としての責任などが問われかねない。

実際に、裁判所が建物所有者に損害賠償を命じた判決はいくつもある。責任を問われた所有者は、後から施設の設計者や施工者の責任を追及する可能性があるので、設計者や施工者も他人事と考えていると痛い目に遭う。

床の滑りやすさを定義するのは、日本産業規格の「ＪＩＳ Ａ １４５４」だ。床材の滑りやすさを数値化した滑り抵抗係数（C．S．R）の測定方法などを定めている。JISでは靴底の種別と床の表面の状態を場合分けし、「滑り抵抗係数」を求める。

この滑り抵抗係数は滑りやすいほど数値が小さくなる。国土交通省が2012年に改定した「高齢者、障害者等の円滑な移動等に配慮した建築設計標準」では、履き物を履いて使う通路や階段踏面の場合でC．S．Rを0・4以上、客室の床の場合で0・3以上を確保するよう推奨する。斜路の場合、その傾斜角がθであれば、C．S．Rからsinθを引いた数値を0・4以上にするよう勧めている。

この設計標準は、いわゆるバリアフリー法で定める対象よりも広い範囲の建築物に展開が可能だ。

基準として示す数字は、日本建築学会材料施工委員会内外装工事運営委員会の床工事WGが2008年6月にまとめた「床の性能評価方法の概要と性能の推奨値（案）」を

◉ 床の滑りに配慮したC.S.Rの推奨値

床の種類	単位空間など	推奨値（案）
履き物を履いて動作する床、路面	敷地内の通路、建築物の出入り口、屋内の通路、階段の踏面・踊り場、便所・洗面所の床	C.S.R=0.4以上
	傾斜路（傾斜角:θ）	C.S.R−sinθ=0.4以上
	客室の床	C.S.R=0.3以上

国土交通省が整備した「高齢者、障害者等の円滑な移動等に配慮した建築設計標準」に記載された床の滑りの設計資料。日本建築学会が示した推奨値に基づく

基に規定したものだ。日本建築学会ではこの案をベースに2015年11月、「床性能評価指針」を制定した。階段などの場合、日本建築学会の数値はより細かく規定されている。

国交省が示す設計標準は、前述の通り階段の踏面のC．S．Rを0・4以上と規定している。これに対して、日本建築学会の指針では段鼻水平部や段鼻角部のすべりも考慮した計算式を用意。複合的にみた安全基準を数値で規定している。

段鼻部での滑り自体は、設計標準でも滑りにくい材料の選定などを求めているものの、具体的な数値までは指定していない。より安全性を考慮した設計が求められる場合には、日本建築学会の指針を参考にするとよい。

同じフロア内でまさかのつまずき

ここまでは、床や路面の滑りやすさについて紹介した。今度はほぼ1つの平面上と見なせる空間におけるつまずきのリスクについて解説する。以下で紹介するように、同じ階層内でのつまずきによる転倒であっても、大きなけがにつながるケースは少なくない。最悪の場合、死亡事故に至るケースもある。

同一平面でつまずく事例には、幾つかのパターンがある。例えば、前ページまでに紹介した床面の滑り抵抗も、実はつまずきに関係している。同じ平面上で滑り抵抗係数の異なる部分があると、つまずきを招きかねない。特に注意したいのは、滑らな過ぎる床だ。あまりに滑りにくい床面にすると、高齢者などはかえって足を取られてしまい、つまずきやすくなる。

この滑りにくさがもたらすリスクについては、国土交通省による「高齢者、障害者等の円滑な移動等に配慮した建築設計標準」にも明記されている。

同一フロアでのつまずきを招くもう1つの要因は段差だ。大抵の人は、ちょっとした段

次は「つまずく」
わっ!?
あると思わなかった凹凸にびっくりして転倒!
ガッ!
ひゃっ!?
ドン!
色々な都合で出来てしまう床の段差が歩行の障害となり思わぬ所で事故が起こります
事故を防ぐにはいかに利用者に存在を認識してもらうかが重要でしょう

差につまずいた経験を持つだろう。高齢者を中心に、つまずきによる転倒が大きなけがや死亡事故に至る事例は少なくない。

ちょっとした段差のリスクを示すために、日経アーキテクチュア編集部に所属していた増田剛記者（当時）が取材した以下の記事を紹介する。

⚡ 看板を置いてもリスク回避できず

「ここの段差は分かりにくく、危ない」。東京・上野公園にある国際子ども図書館の職員たちは、館が全面オープンする直前、3階の通路にある段差の危険性を非常に気にした。段差は、同館の増築部をつくる関係で発生したものだ。空調設備を通路の床下に設けるため、増築部の床を約13センチメートル高くする必要があった。この段差の存在を利用者に分かりやすく伝える必要があると考えた館は、注意喚起のためのポスターを作製し、掲示した。

「『足元にご注意ください』という文字情報だけよりも、段差をイラストで描いた上で、『段

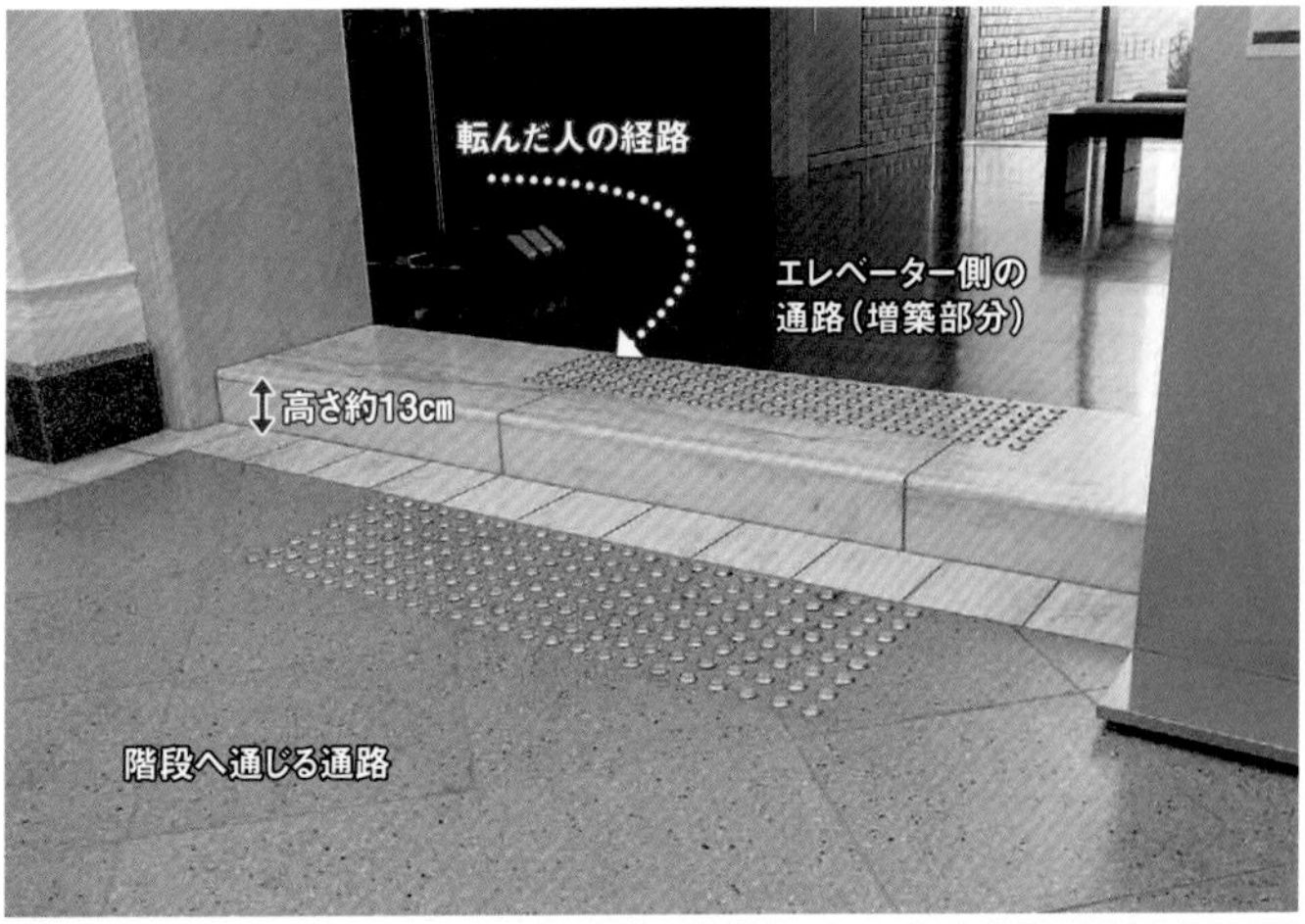
転んだ人の経路
エレベーター側の
通路（増築部分）
高さ約13cm
階段へ通じる通路

女性が転んだ3階の段差部。ホールから出た女性は、階段室へ向かったが、段差に気付かず、足を踏み外した（写真：下も日経アーキテクチュア）

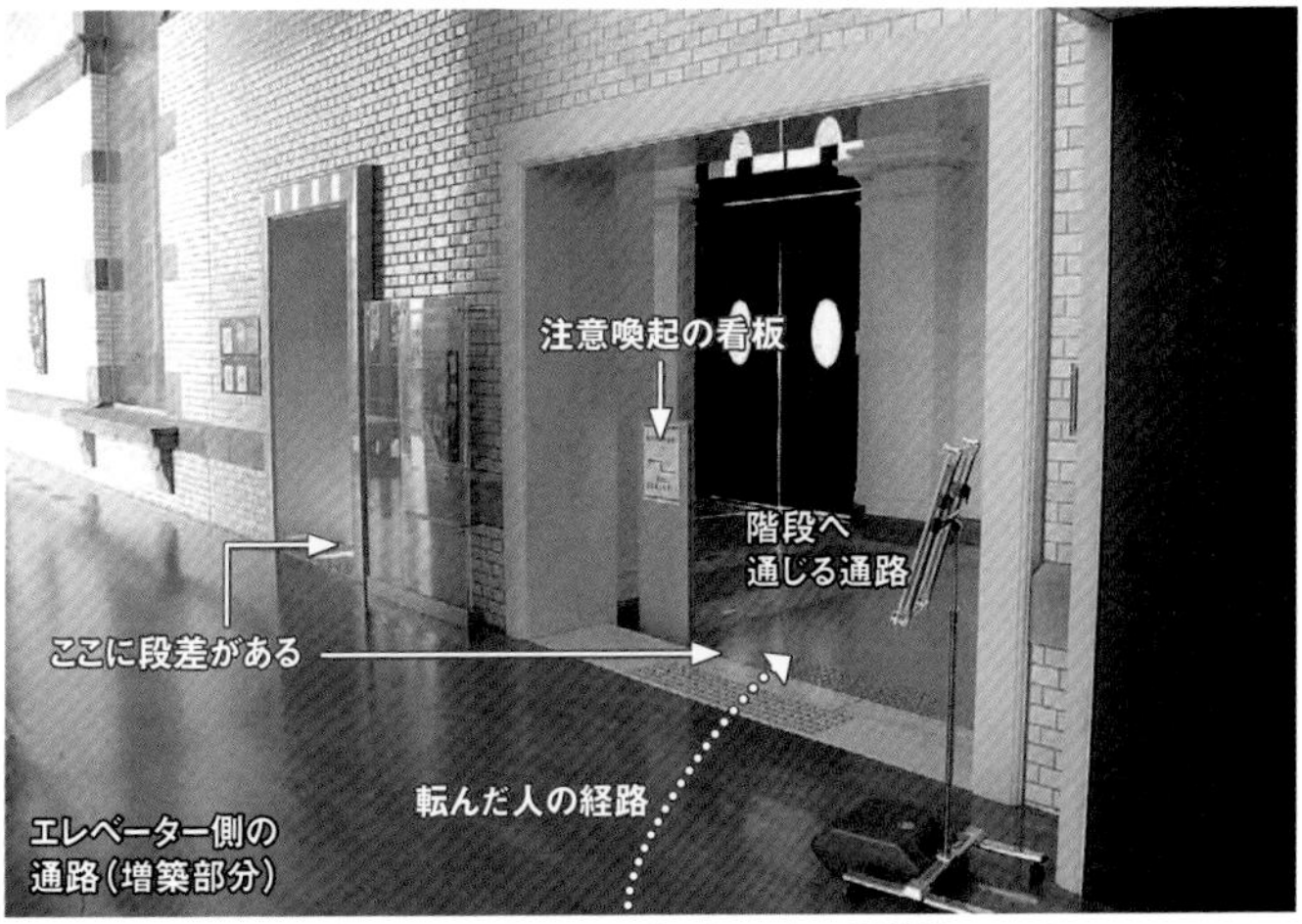
注意喚起の看板
階段へ
通じる通路
ここに段差がある
転んだ人の経路
エレベーター側の
通路（増築部分）

階段室は、この写真の中央奥に見える黒いドアの先にある。ドアは通常開いている

◉ つまずき事故が起こった3階平面

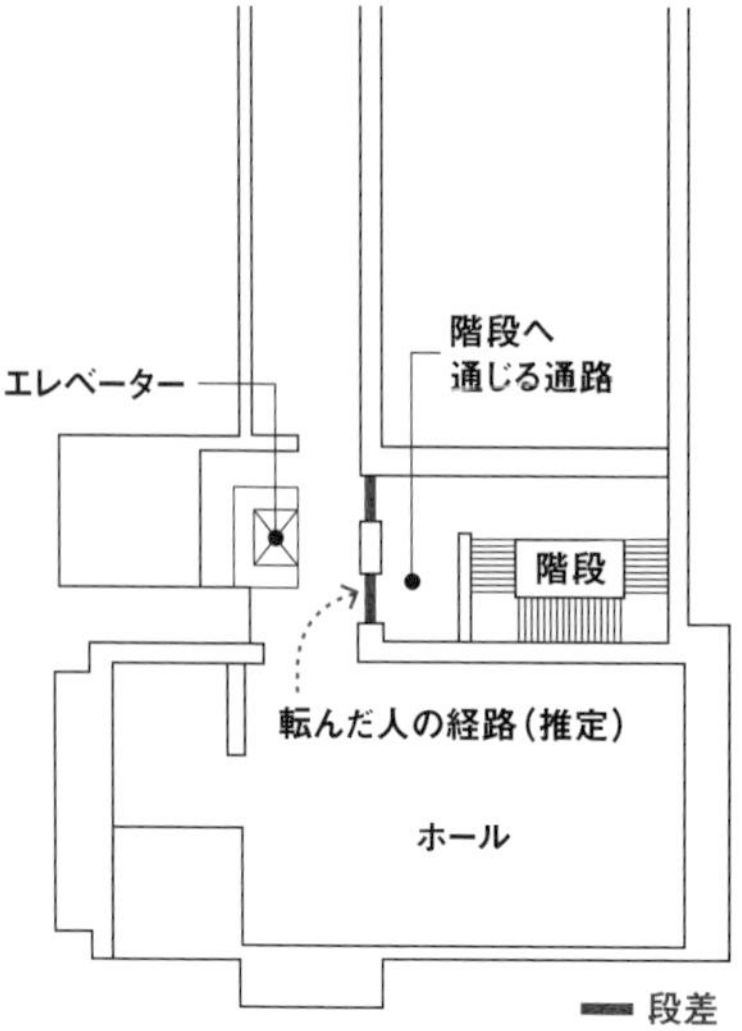

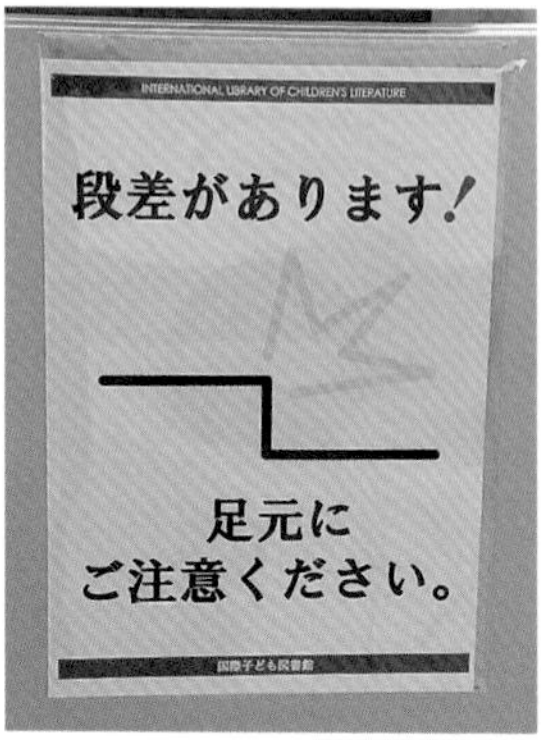

段差部に設置した注意喚起の看板
(写真:下の2点も日経アーキテクチュア)

1階のエレベーター前通路。出入り口からここまで床はフラットだ。3階だけに段差がある

階段室から見た段差部。注意喚起の看板は、段差がある2カ所に設置した

差があります』と直接的に表現した方が、安全性が高まると考えた」と、同館企画広報係のスタッフは説明する。この看板を2つ用意し、段差部それぞれに置いた。

それでも、転倒する人が出てしまった。ホールから出て階段室に向かった中年の女性が段差に気づかず、足を踏み外したのだ。「転んだ女性は、他の人と話をしながら歩いていたため、注意を促す看板を見逃したようだ。看板を立てても転んでしまう人が出る分かりにくい段差なのか……」と、同館企画広報係のスタッフは困惑する。

建築デザインの転倒事故を研究する吉村英祐・大阪工業大学教授は、国際子ども図書館の段差について次のように分析する。

警戒・規制を示す道路標識が、斜めや丸など
空間になじみにくい形や派手な色になっているのも
安全を考えた結果なのかもしれません
通行止

「階段に向かうときは階段室の方が明るいため、視線が前方に向かいやすい。そうなると、足元に注意が及ばず、段差があると足を踏み外しやすい。そもそも1段の段差はスロープに改めるべきだが、既存ビルの場合は簡単に実現できないことがある。看板が注意喚起のためのものであることに気づかなければ効果がない。意匠性の高い引き出しベルト式の可動柵で通る範囲と幅を絞ること、段鼻の明示が効果的だと考える」。

（注）日経アーキテクチュア2008年2月25日号の特集「注意！転ぶデザイン」の一部を再構成。登場する組織、肩書などは取材当時のもの

どうすれば利用者に分かってもらえるのか色々な例を挙げてみましょう
段差の石の幅を狭めて色を黒くすれば縦枠の石とのコントラストで段差を認識しやすくならないかな？
段差が複数あると誤認しないように階段室側の床材を段差の石にぶつける
注意喚起の看板に注目させる一番手っ取り早い方法は入り口のど真ん中に置くこと
あれ？何この看板？
あぁ段差があるのね
幅が狭い方の入り口はベルトで閉鎖

縦と横の線で構成されている空間である点を逆手に取って、曲線を使った橋状の物体を置くとか？
目立つことは間違いない
設計者が許すかどうか？
CO
段差のあるのは3階だけというのが、対策を難しくしているのかもしれませんね
むー
油断しているところに不意打ちを食らうような……
人間はじゅうたんやカーペットですらつまずくものですから
あっ
段差には気を使いたいですね

トイレ入り口の段差で賠償命令

ちょっとした段差に、人は気づきにくい。先に紹介した記事の他にも、日経アーキテクチュアでは2023年4月13日号の記事で、建築法務に詳しい富田裕弁護士が、段差が招くリスクを分かりやすく解説している。引き合いに出したのは、携帯電話ショップ内のトイレの入り口にあった段差で足を取られて転倒、骨折のけがを負った客が治療費などを求めて起こした裁判だ。

被告となった携帯電話ショップの運営会社は、トイレで過去に転倒事故が頻発していた事実はない、段差が著しく認識しにくいことはないという趣旨で反論した。それでもこの争いで地方裁判所が下した判決では、建物側の瑕疵を認め、被告側が約230万円を原告の客に支払うよう命じている。被告は控訴を選んだ。

地裁判決では、トイレのドアを開けた際に目に飛び込むのは便器であって段差を認識できない危険性がある点やドア付近とトイレの床の色の違いが分かりにくい点、トイレのドアの前後に段差を設けないようにすべきだと規定した設計マニュアルの存在などを、瑕疵を認めた理由に掲げている。

原告側の注意不足も考慮して5割の過失相殺となったものの、施設運営者側には厳しい判決となった。施設運営者は施設自体のいわゆる工作物責任については、設計者や施工者に問うことができる。こうした事案では、施設設計者などが責任を追及される可能性は否定できない。

そもそも、建築計画において1つの平面内に段差を設けるリスクは大きい。階段部で最初の1段だけ踏面を広く取るような不規則な設計もつまずきを招きやすいので避けたい。

建物改修時に設備などの配置条件によって、同一階層内にどうしても段差が生じるケースは存在する。こうした場合は、段差の存在を誰でも簡単に分かるようにしたり、スロープなどで段差自体を解消したりするような配慮が欠かせない。

◉ **転倒事故が生じた携帯ショップのトイレ**

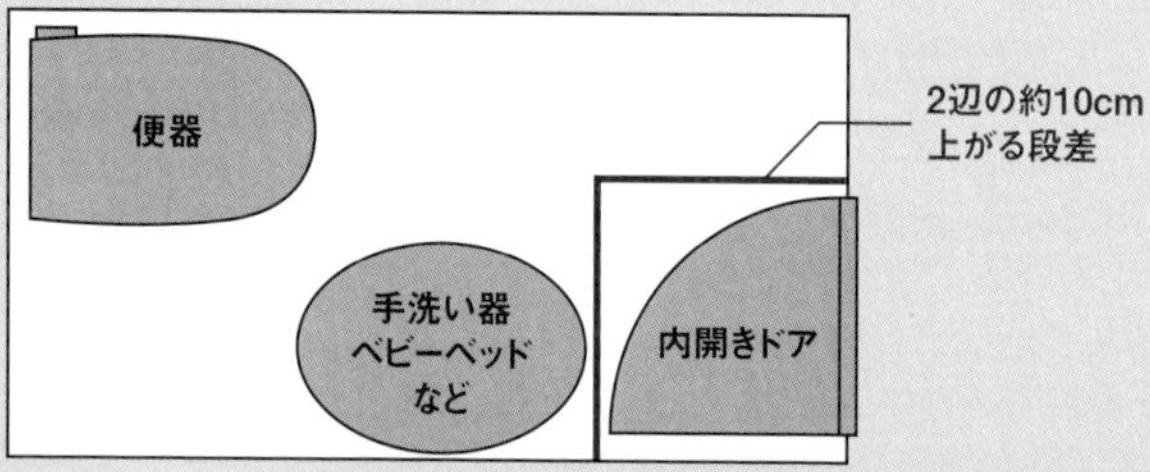
2辺の約10cm
上がる段差
便器
手洗い器
ベビーベッド
など
内開きドア

転倒事故が生じたトイレの配置イメージ。内開きのドアの足元に、2辺の段差(高さ約10cm)があった。右前方に便器があり、利用者は段差に気づきにくかった。判決文を基に作成

第2話

外壁落下

裁判事案の1割弱占めるタイルのトラブル

建物の外壁からタイルが落下する事故が散見されている。経年劣化や施工不良など要因は個々の事例ごとに異なるものの、落下したタイルが通行者などに当たれば、取り返しがつかない事態を招く。外壁タイルの落下によって死傷者が出た事故も起こっている。

外壁タイルは、建物に高級感を与えるなど建築の意匠を構成する上で重要な役割を担う。マンションなどを中心に採用事例は今も多い。

一方、大阪地方裁判所判事（当時）の高嶋卓氏が「判例タイムズ」の2017年9月号に寄せた論文によると、大阪地裁で建築関係訴訟を専門で扱う第10民事部における未処理の事件数の5パーセントから8パーセントは、外壁タイルの瑕疵に関する事案となっている。そこでここでは、老朽化した建物の増加とともに、これから発生数が増えそうな外壁タイルの落下トラブルについて取り上げる。

まずは2010年3月に日経アーキテクチュアで掲載した特集記事で、筆者が紹介した以下のトラブル事例からひもといていく。

タイル!
経年劣化しにくく建物の内外装によく用いられる材料です
か
か

タイルは内装用と外装用に大きく分けられます
内装用はデザインや色が豊富だったりしますね
しゃわ—…
建物の外壁に多く使われるのはこちら
吸水性が低く耐候性が高い磁器質タイル
街でよく見るサイズは
45二丁が多い印象
95
45
目地込みの寸法で
50×100なので
分かりやすいですね
100
5
50
5

タイルはモルタルや接着剤で張られますが張られる際の環境はさまざまです
張り付けモルタル
パネル状の建材に工場で事前にタイル張りをして現場で建て込む工法
工場内は環境が安定しているので剥落などの事故は少なそうです
そして現場で直接張る工法
品質が環境に大きく左右されます
現場で直接張られた巨大なタイル面には迫力がありますね
ぴか――ん
これ現場で張ったのかぁ～
職人さんすごい！

落ちればニュースになるほど滅多に落ちないタイルですがもし落ちて人に当たれば重大事故になってしまいます
建物から剥落してしまうのは残念ながら現場で直接張られたタイルが多いのではないでしょうか
ちょっとまってぇぇ——!
暑い・寒い・不安定な足場からの作業など職人の方々の苦労を思うと切ないですね
か
タイルの落下事故はなぜ起こるのか具体的な事例で見ていきましょう

完成後3年もたたずにタイルが落下

島根県内にあるJR益田駅前に建つ複合施設EAGA（イーガ）のA棟から、下地調整用の補修モルタルの上にタイルを張って仕上げた外装材の一部が剥がれ落ちた。2009年2月13日に通行人からの通報で判明した。

落下した外装材の大きさは縦100センチメートル、横60センチメートル。重さは約10キログラムだった。一部は益田駅近くの道路に落下した。タイルの撤去や外壁の応急処置などのために、道路は一時、通行規制を受けたものの、事故によるけが人や物損は確認されていない。

外装が剥落した施設は、下層3階分が公共施設と商業施設、4階以上の部分が共同住宅である地上13階建ての建物だ。2006年6月に完成した。

構造は鉄骨鉄筋コンクリート（SRC）造一部鉄骨（S）造で、外装をレンガ色や灰色の磁器質タイルで仕上げていた。益田市が市街地再開発事業として発注し、都市環境研究所（東京都文京区）が基本設計と実施設計を担当。熊谷組が実施設計に対する計画変更と施工を担った。

タイルを用いた外装デザインは、都市環境研究所が設計をまとめた段階で決まっていた。同研究所は、事業資金の立て替えなどを担う特定事業参加者の意匠に対する考えや、ライフサイクルコストの低減を考慮。外装仕上げとしてタイルを選んだ。仕様自体は、一般的な内容だった。

南や東で目立った浮き

外装が剥がれたのは12階の東面で、化粧柱の部分だ。事故後、タイル全面を打診検査した結果、表面の浮きは化粧柱に集中していた。タイルを施工した化粧柱155平方メートルのうち、27平方メートルで表面

左の写真はタイルが剥落したイーガA棟の住宅部分。12階の東面の化粧柱部分で縦100cm、横60cmの大きさでタイルとモルタルが剥がれ落ちた。タイル1枚の大きさは45mm×95mm。右上は剥落部分を拡大したところ。剥落が起こった壁面の前面は、JR益田駅を利用する人などが通行する道路だ（写真:益田市）

に浮きを確認できた。手すり壁なども合わせると浮きがあった部分は32・4平方メートルとなった。

浮きが見つかった化粧柱について、コアを採取して施工状態を確認したところ、コンクリートの躯体の上に厚さ2ミリメートルから5ミリメートル程度の下地調整用のモルタルを施工していた。表面の通りを確保するためだ。その補修用のモルタルの上には、さらに2ミリメートルほどの厚さのモルタル層を設けてタイルを接着。剥落は、下地調整用のモルタルとコンクリートとの間の接着力が低下して発生した。

剥落原因について、熊谷組は様々な仮説を立てて調査・分析を重ねた。例えば、コンクリート部分とタイル部分の材質などの違いがもたらす熱挙動の違いを一因だと想定した。これは、タイルで仕上げた外装材が剥落する一般的な要因の1つだ。

日射の影響を受けやすい南面や東面で浮きが目立った点や、化粧柱のタイルは濃色で熱を吸収しやすい点、構造柱に比べて化粧柱の剛性が小さいために挙動が大きくなるとみられる点などを踏まえた。ただ、これが剥落を招いた決定的な理由か否かは分かっていない。

調査ではモルタルとの接着面であるコンクリート表面の状態を確認した。接着面に異物などは認められず、仕上がり状態に問題はなかったと判断された。ただし接着面において、

◉ 全面打診で判明したタイルの浮きの状況

[東面の浮きの状況]

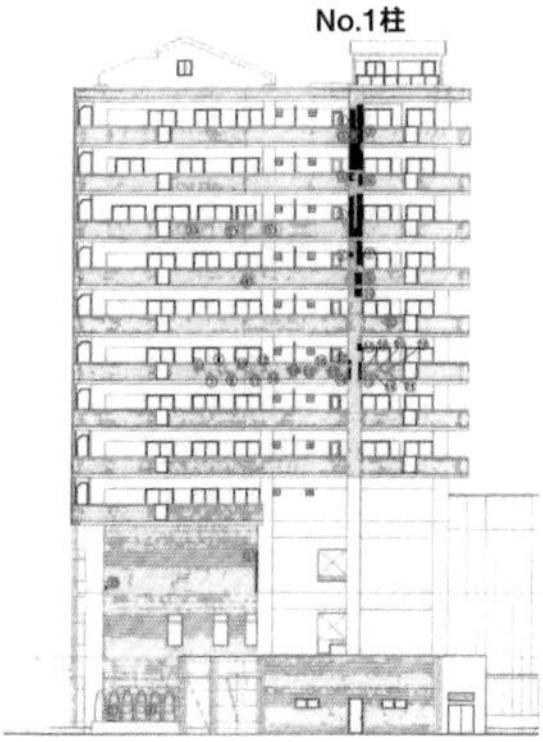
No.1柱

- ・No.1柱:14カ所、合計 1680枚
  (はく落部分を含む)
- ・1～3階の壁:4カ所、合計 72枚
- ・手すり壁:22カ所、合計 191枚

(資料:益田市)

[南面の浮きの状況]

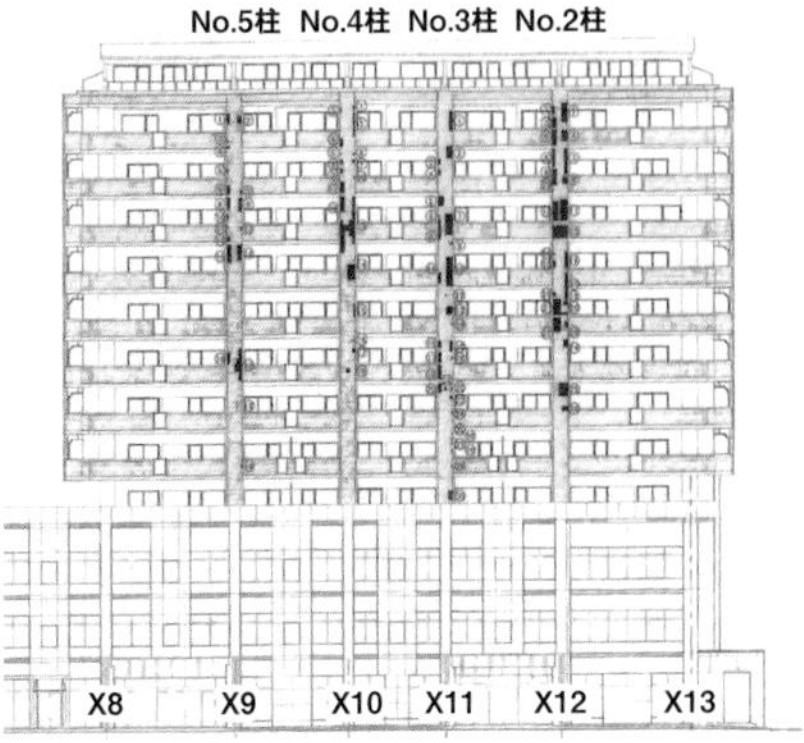
No.5柱 No.4柱 No.3柱 No.2柱
X8
X9
X10
X11
X12
X13

- ・No.2柱:26カ所、合計 1360枚
- ・No.3柱:30カ所、合計 820枚
- ・No.4柱:18カ所、合計 660枚
- ・No.5柱:19カ所、合計 480枚
- ・手すり壁: X8～X9間、合計 6枚
  X9～X10間、合計 24枚
  X10～X11間、合計 124枚
  X11～X12間、合計 136枚
  X12～X13間、合計 43枚

◉ タイルで仕上げた外壁の断面

[手すり壁や一般壁のタイル部]

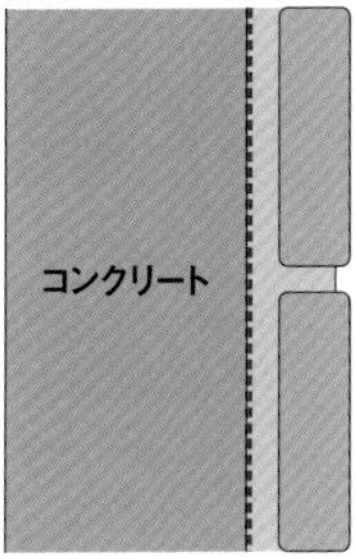
コンクリート

[化粧柱のタイル部]

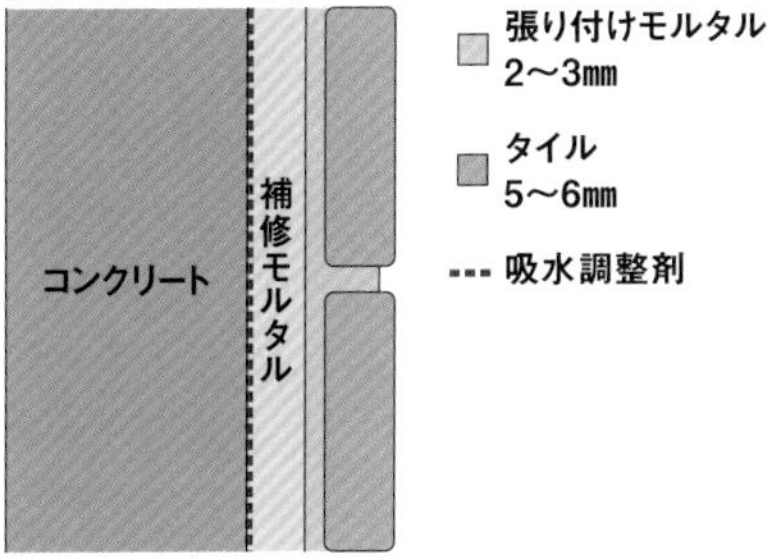
コンクリート
補修モルタル
張り付けモルタル 2～3㎜
タイル 5～6㎜
吸水調整剤

タイルで仕上げた外壁の断面。益田市の資料を基に作成

施工時に超高圧水洗浄やブラシでの目荒らし・洗浄といった下地処理は施していなかった。

建築物の施工で参考にされる日本建築学会の「建築工事標準仕様書・同解説ＪＡＳＳ19陶磁器質タイル張り工事」（現在はセラミックタイル張り工事に改題）に、接着性を高めるためのコンクリート表面の目荒らしが記載されたのは2005年。合板型枠の転用回数を増やす目的で塗装合板の使用が増し、平滑なコンクリート面が多くなってモルタルとの接着が悪くなっている傾向などを踏まえた措置だった。翌年に完成したイーガでは、この処理は反映されていなかった。

引張強度試験では異常なし

型枠剥離剤の影響はないとみた。モルタルの乾燥による接着性能の低下を防ぐために界面に施工した吸水調整剤が、躯体側とモルタル側にそれぞれ浸透した形跡があったからだ。吸水調整剤の塗布厚についても、「メーカーに確認したところ、問題のないレベルだった」と、熊谷組建築事業本部建築部建築グループの副部長である古田崇氏は説明する。下地調整モルタルの背面に水が回り込んだ痕跡も認められなかったという。剥落したタイルを施

◉ 外壁タイルが落下した施設の概要

[配置概要図]

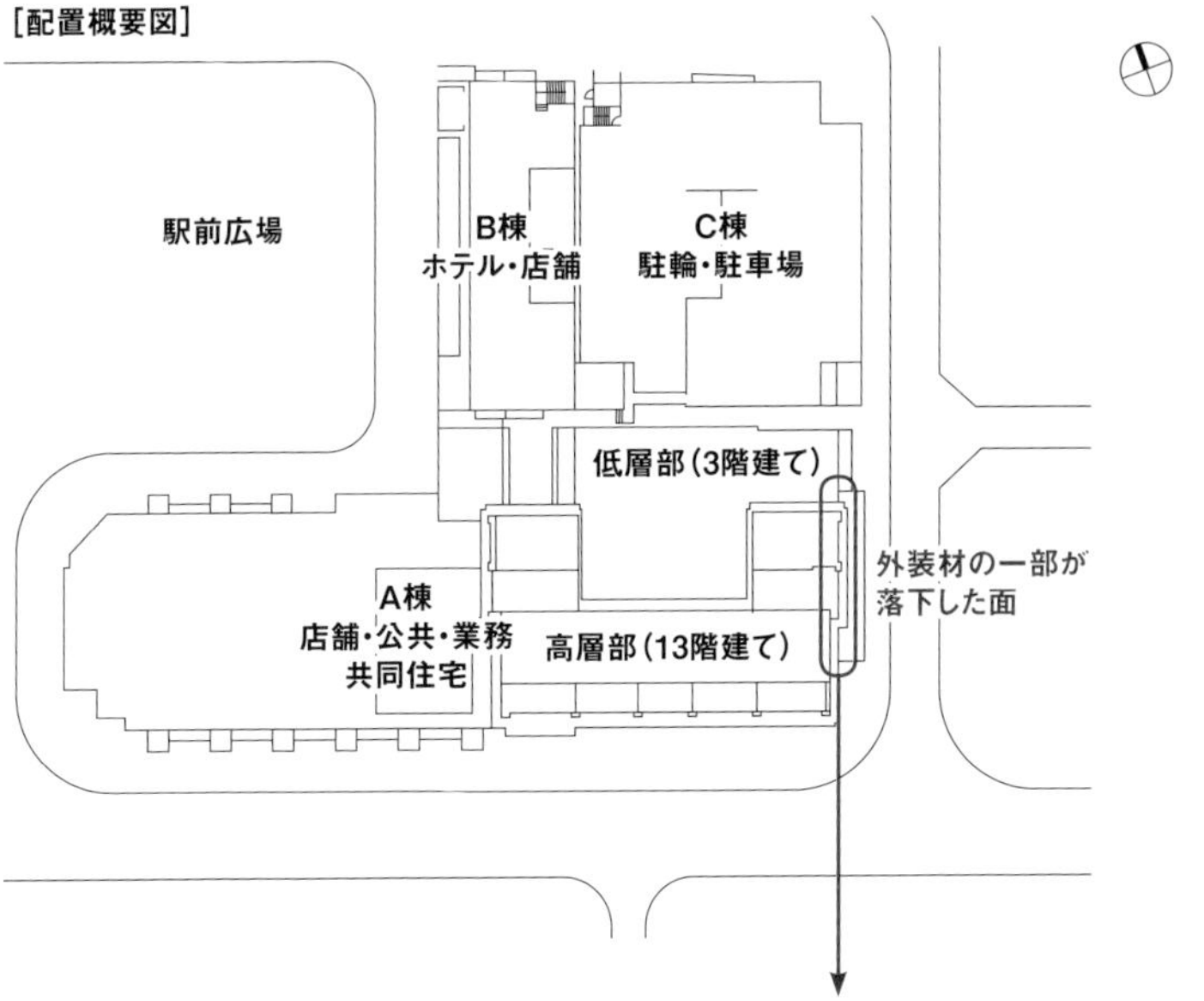

[平面図]

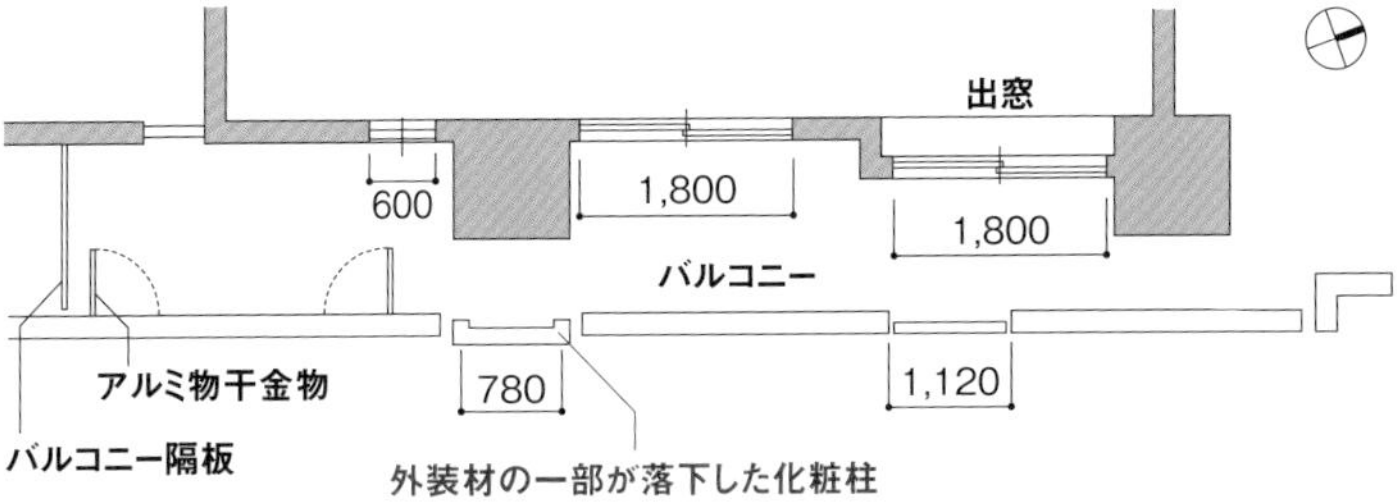

益田市の資料を基に作成

工した時期は春で、凍害などの影響も受けていないものと考えられた。

これらの状況を踏まえて、熊谷組は目地の施工も適切だと判断した。コンクリート躯体側の水平目地に合わせてタイル側の目地が配置されており、深目地のような状態もなかった。市は、技術顧問契約を結んでいる中電技術コンサルタント（広島市）にも調査報告の内容を確かめてみたが、剥落原因は特定できなかった。

タイルの剥落事故が発生した複合施設イーガA棟では、外装の施工品質について、施工前後に試験を実施した。例えば、施工後に20カ所を選定し、タイルの接着強度を引張強度試験でチェックした。化粧柱部分で1カ所、手すり壁部分で15カ所、妻壁で4カ所だ。

◉ 外壁面の補修方法

適用箇所	補修工法	内容
はく落箇所など	張り替え工法	サンダー掛けなどでコンクリート面を露出させる。その後、ほこりなどを除去し、ポリマーセメントモルタルで下地を補修。さらに、洗浄と乾燥を経てから弾性系の接着剤で張る
浮きが認められた部分	アンカーピンニング部分エポキシ樹脂注入工法	「公共建築改修工事標準仕様書（建築工事編）平成19年版」に準拠する
東と南、西面の化粧柱6本、北面の柱型3本、北面西側の出窓部分	タイルはく落防止工法	アンカーピンニング部分エポキシ樹脂注入工法を施工。その上に特殊繊維で塗膜強度を高めた透明度の高いアクリル樹脂でタイル面を被覆することで既存タイルの意匠性を保持しながら、はく落を防止する

外壁面の補修方法。取材を基に作成

そして、最小部で1・1ニュートン毎平方ミリメートルの接着強度があることを確かめていた。公共建築工事標準仕様書（建築工事編）で合格とする引張接着強度は、0・4ニュートン毎平方ミリメートル以上だ。試験箇所ではこの強度を上回っていた。

熊谷組による調査では結局、原因は判然としなかった。一方、浮きが見つかった場所を中心に、タイル面は補修した。剥落した場所などは下地を補修してから弾性系の接着剤でタイルを張り付け、浮きが認められた部分はアンカーピンニング部分エポキシ樹脂注入工法で改修した。

こうした補修工事などは2009年6月に完了。調査を含めて1000万円を超えた費用は、熊谷組が負担した。

今後は近隣にも「伝えて」

外壁の落下事故について、近隣で生活する人たちに話を聞いたところ、こんな声が聞こえてきた。「外壁が落ちたということについて、事故後に市などから何の説明もなかった」。

市は、マンションの住民には事故の事実をすぐに伝えたものの、近隣住民などには直接、連絡していなかった。近隣で店舗を営む女性は、「事故の内容については知人に聞いて知った。今後、同様の事故が起こったら、きちんと伝えてほしい」と訴えた。

今回の事故について市は、事故の通報を受けた10日後の2009年2月23日に市議会の全員協議会で報告。地元では翌日の新聞で報じられた。市は建設会社への対応に追われて公表が遅れたと弁明している。

事故の情報発信については、市でも改善の意向を示す。「危機管理対策室を通じて市民にメールで知らせることなどを考えていきたい」(市産業振興課課長補佐の原田茂氏)

(注)日経アーキテクチュア2010年3月8日号の記事「建材落下はなぜ続く」を再構成。登場する組織、肩書きなどは取材当時のもの

近年は接着剤利用が増加

イーガが完成した時期は、JASS19において下地の目荒らしを規定してからの期間が短く、外壁タイルの接着力を高めるための新たな対策は、まだ十分に普及していないタイミングだった。

とはいえ、一部の大手不動産会社や大手建設会社では、コンクリートの目荒らしなどを標準仕様書に組み込み始めていた。タイル剥落の原因が目荒らしの未実施にあるとは断定できないものの、技術基準に加えられた対策をいち早く取り入れていれば、事故に至るリスクを低減できたかもしれない。

タイルの浮き・剥落を巡る裁判では、目荒らしの不備を原因の1つと判断し、瑕疵担保責任などを認めた事例も存在する。現在では、下地処理はタイル工事の品質を確保するうえで、無視できない重要項目になっている。

近年は、有機系接着剤を用いてタイルを張るケースが増えている。モルタルで張る場合よりも弾性が大きく、接着界面における応力を減らせる。そのため、モルタルに比べて下地の変形に追従しやすくなり、タイ

50ページへ↙

◉ 外壁タイル施工時の留意点

a. コンクリートの表面は、剥離防止のための清掃および目荒らしを確実に実施することとし、その方法は特記による

b. 高圧水洗浄法による下地処理を行う場合には、事前に試験施工を実施して下地処理後の状態を確認する

c. 日常的な品質管理として、施工計画書に基づいて下地処理のプロセス検査を実施する

d. プロセス検査によって判明した不具合箇所は、施工計画書の処置方法に基づき速やかに手直しする

2022年10月発行の建築工事標準仕様書・同解説 JASS19 セラミックタイル張り工事より抜粋

イーガA棟で特徴的なのは
タイルの剥落が化粧柱に
集中していたことです
剥落が発生した
化粧柱
こちらにある4本の
化粧柱にもタイルの
浮きが大量に発生
完成後3年で剥落が発生
しているので施工時に何らかの
問題があったと思われます
しかし調査の結果
これといった問題は
見つからなかったようです

理由が分からない以上
完全な推測になります…が
うーーーん
現在の基準から見れば下地処理の未実施が
1つの可能性として挙げられる一方
化粧柱での剥落が多い点については
別の可能性も考えられるかも…例えば、
はあ!?
新人矩子!
化粧柱のタイルの
施工は君に任せる!
経験が浅かったり
技量が十分でないまま
実戦に投入…?
化粧柱に集中的に
問題が生じた原因が
経験の浅い職人さんの
施工といった人手の
問題にあるとすれば
職人さんが不足する中
今後も似たような問題が
起こってしまう可能性は
否定できませんね

ルの剥落が起こりにくくなる。

この点が評価された結果、有機系接着剤を用いた工法を採用した場合は、建築物の定期調査報告で定められている外壁タイルの点検で優遇されている。モルタルでの施工であれば必要となる10年ごとの全面打診の代わりに、各階1カ所の引張接着試験などで済むようにしたのだ。

このように、新設工事を中心としてタイルの剥落リスクを低減させる対策は進んできた。それでも、タイルの落下事故は、しばらく続く可能性が高い。高級感のある意匠を得るために外壁タイルをモルタルで張り付けたマンションなどは過去に数多く建設されており、これらの建物の劣化が今後一段と進んでくるからだ。

⚠ 定期報告をリスク露見の材料に

先に述べたように、この事故では施工者の熊谷組だけでなく、発注者である益田市と技術顧問契約を結んでいた中電技術コンサルタントが調査結果の確認を行ったものの、剥落原因は特定できなかった。

さらにここで取り上げた施設イーガについては、施工後のチェックで、タイル部の接着強度に問題などは見つかっておらず、施工に問題はないと判定されていた。それでも事故は発生した。

つまり、ハード面だけで完璧な対策を講じようとする考えには限界があるのだ。タイル落下に伴う被害を軽減できるようなソフト面での取り組みも探らなければならない。この事故については、事故情報の伝達という点で課題が浮かび上がっていることも既に言及した。イーガのケースでは、公共の発注機関が整備に絡んだ施設であったにもかかわらず、地域住民への迅速な情報公開を実現できなかった。

タイル張りの壁は、マンションを中心に数多くの建物で採用されている。民間所有の建物であれば、そのそばを通行する人たちへ建物の状態を積極的に告知する取り組みは、公的な施設以上に期待し難い。情報公開が建物の価値を下げるリスクをはらむからだ。

一方で、建材落下などのリスクが明らかにならなければ、通行者の安全の確保は困難になる。実は今でも、一部の建物についてはその安全性を定期的に確認し、その結果の表示を後押しする仕組みがある。

それは、タイル張りの建物の点検の義務化を盛り込んだ定期報告制度だ。対象となるのは、主に不特定多数の人が利用する建物で、最低限の用途と規模を国が定めるものの、それ以外は所管する行政区によって異なる。多くの地域では共同住宅を対象外にするなど網羅率は必ずしも高くない。

それでも、東京都や大阪府、京都府などでは、一定規模以上の共同住宅を点検対象に据えている。一部の都市が安全確保のための網を広げている上に、定期報告制度の報告率は、少しずつ向上している。外壁タイルの剥落リスクを見つけ出す確率は着実に高まっているのだ。

他方、外壁タイルの点検では、道路へ影響を及ぼす壁面について全面打診が求められる。そのため、コストの高さや長期間の足場設置の敬遠といった理由から、所有者や管理者が点検を避ける事例は少なくない。

この点については、ドローンなどを活用した合理的な調査手法が正式に認められたことを受け、点検実施に伴うハードルが下がってきた。点検を実施するためのリーズナブルな選択肢が増えてくれれば、落下リスクは見つけやすくなるはずだ。

定期報告制度の今後の課題の1つは、点検後の表示の部分だ。法令では、適切に点検を実施したことを表示する仕組みは定めていない。自治体などが点検実施の状況を示すためのステッカーなどを用意する例はあるものの、それらの認知度は決して高くない。

　定期報告の区分が「特定建築物」「防火設備」「建築設備」「昇降機等」と細かく分かれていて、それぞれに対するマークが存在したり、地域ごとに表示形式が異なったりしていて、一般の人にはとにかく分かりにくいのだ。点検実施に関する表示面での社会の認知度が高まってくれば、建物や設備などの適切な点検実施に対する一種の圧力となり、所有者側の意識改革を後押しする可能性がある。

　外壁タイルの剥落防止に向けた対策

特定建築物の定期報告を実施した旨をシールなどで表示していることをウェブサイトで伝える自治体もある（資料:江東区）

を後押ししそうな材料は、もう1つ存在する。タイルの「浮き率」が、司法の場で施工不良を推認する材料として使われたことだ。

⚠ 裁判で採用された「浮き率」の衝撃

外壁タイルの施工不良が争われた裁判において大阪地方裁判所が2018年2月14日に下した判決では、「施工後6年足らず」で「全施工面積に対して3パーセント以上の浮き」が生じていた点を、技術的かつ社会的に容認できない水準と断じた。

タイル剥落の施工上の問題に対する数値的な目安が出たことによって、建物所有者がタイルの浮きのトラブルを施工者などに問う動きが加速。所有者がタイルの点検や補修を進めようとするインセンティブにつながる可能性がある。

◉ タイル施工での不良を判定する目安

施工後の期間	浮き・剥落の割合
5年以内	0%以上
5年超10年以内	3%以上
10年超15年以内	5%以上
15年超20年以内	10%以上

施工上の不良の判定目安。大阪地方裁判所の高嶋卓判事（当時）が、判例タイムズ2017年9月号に寄せた論文で提示した

54ページに示す表は、前述の裁判で判決を下した判事が「判例タイムズ」2017年9月号に寄稿した論文内で紹介した外壁タイルの施工不良の目安を示すものだ。こうした評価基準とテクノロジーを駆使した簡易な確認技術とが普及してくれば、リスク判断が容易になってくる上に、リスクに対する予防コストの大きさが相対的に小さくなる。定期報告制度という規制に頼らなくても、外壁タイルの点検を進めようという動機付けになる可能性がある

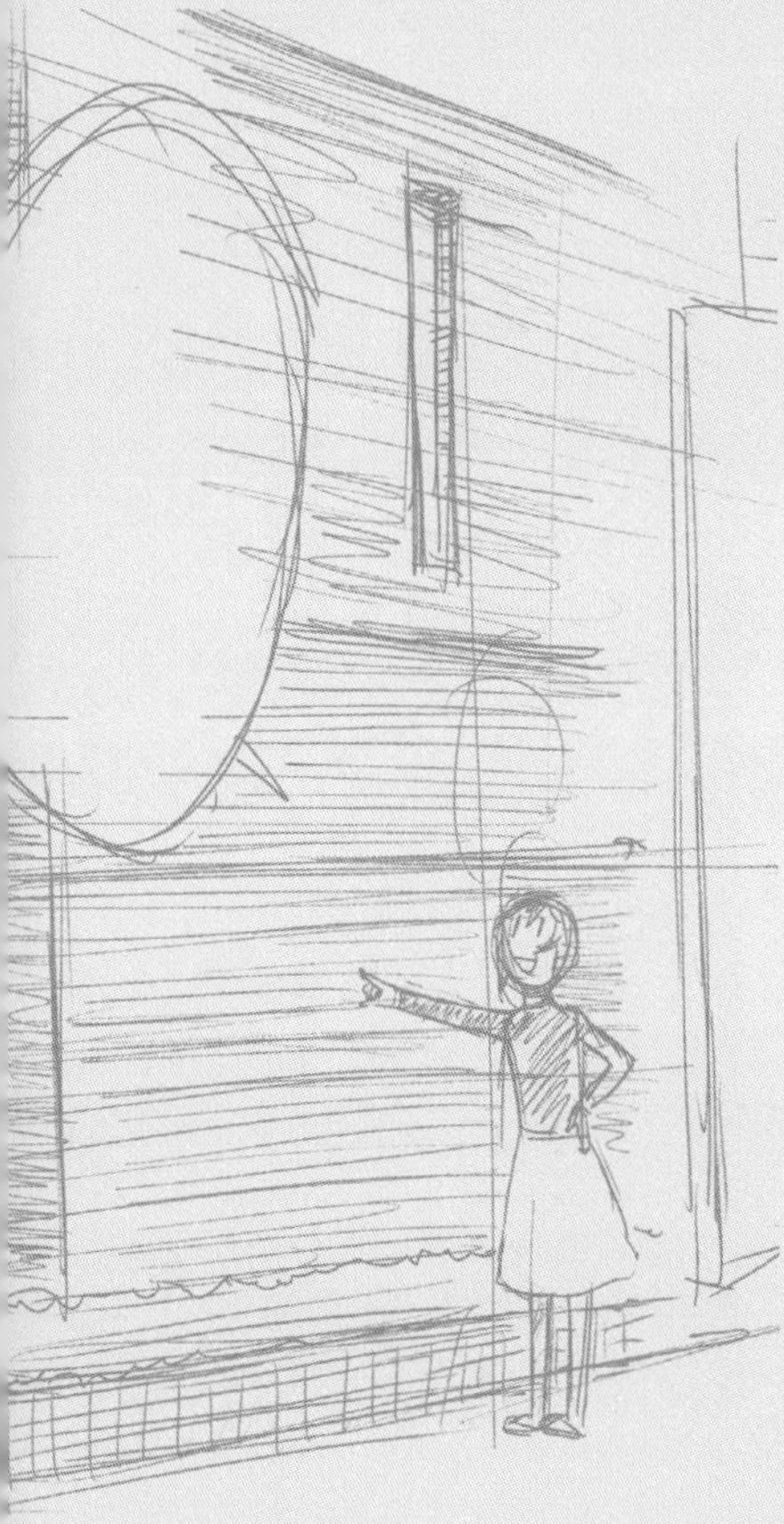

第3話

開口部落下

窓開けで加害者になるリスク

見栄えや使いやすさは建築物の重要要件だ。だが、それ以上に大切にしなければならないのが、安全性。安心して時を過ごす空間を不幸な思い出の場所に変えてはならない。ここでは２００９年末から半年の間に４回も窓の落下事故が発生した福岡市の学校の事例を取り上げる。あまりにも立て続けに落下事故が発生したので、市議会でも議論されるほどの大きな問題に発展した。

事故を受けて、当時取材・執筆した記事で詳細に取り上げた建物は福岡市の学校施設だけだったが、同じような事象で負傷者が出た事故は決して少なくない。取材当時はもちろんのこと、記事の執筆後に発生した東日本大震災をはじめ、窓のガラス障子が落下した事例は数多い。ここ数年でも、ガラス障子が落下する事故は何件も確認されている。

建物の構造や用途を問わず起こり得るこの事象の怖さは、落下した窓が人や物を傷つけることだけにとどまらない。窓の開閉をしようとした善意の人を加害者にしてしまい、心をも傷つけてしまう点にある。

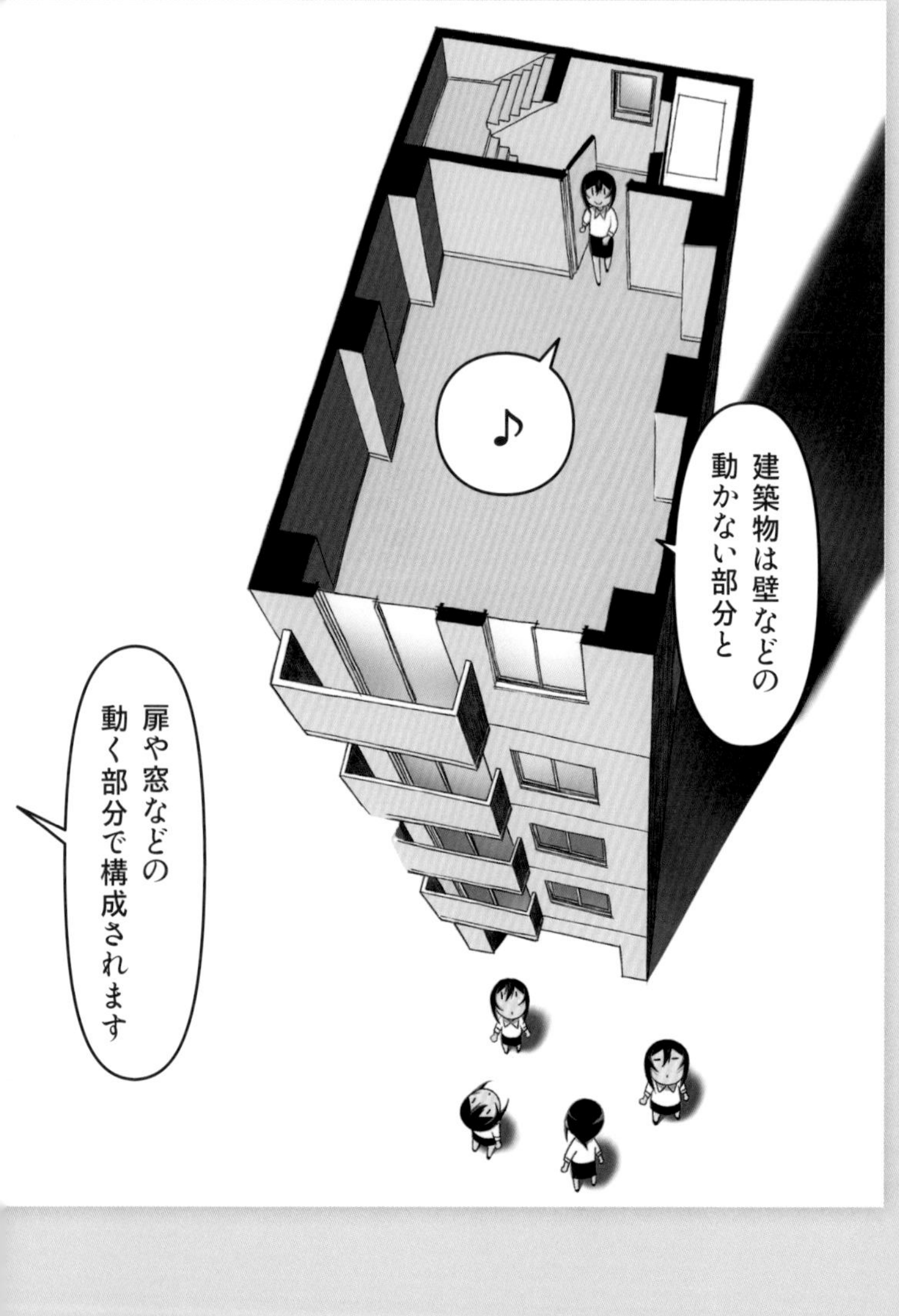
♪
建築物は壁などの動かない部分と
扉や窓などの動く部分で構成されます

その動く部分…特に高い場所にある窓が落下したとしたら…
カラカラ…
今日は暑いな
あ
げっ!?
ゴッ!
きゃー!?
建築の信頼に関わる大事故と言えるでしょう
落とした方もトラウマ!
か…かなこは無実です…

半年で4度も窓が落ちる

2010年6月22日に開かれた福岡市議会の第2委員会で、耳を疑うような事態が発覚した。

福岡市立の複数の中学校で2009年12月以降、窓の落下事故が続出。2010年6月13日に4度目の事故が発生したというのだ。このうち1件はガラス障子に当たった生徒が軽傷を負い、1件は落下地点に止めてあった自動車が損傷する事故だった。落下事故のてん末は以下の通りだ。

最初の事故は2009年12月15日、平尾中学校で発生した。生徒が校舎3階の廊下の引き違い窓を閉めようとした際に、日軽サッシ（設置当時）製のサッシを用いた障子が落下。地上に止めてあった自動車の屋根に障子の角などが当たって損傷させ、その隣に駐車中の車も傷つけた。落ちた障子は大きさが93センチメートル×116センチメートル、ガラス厚さ3ミリメートルの単板仕様だった。

落下した障子を調べたところ、アルミ製の上框《かまち》内に取り付けてあるはずの外れ止めが無くなっていた。外れ止めとは、障子と枠の間隔などを狭めて障子が枠から外れないようにする部品だ。市は、この不備が事故を招いたと推定している。校舎の建設年は１９７８年。障子のサッシは、周囲のほかのサッシとメーカーが異なっており、後から交換された可能性があるものの、詳細は不明だ。

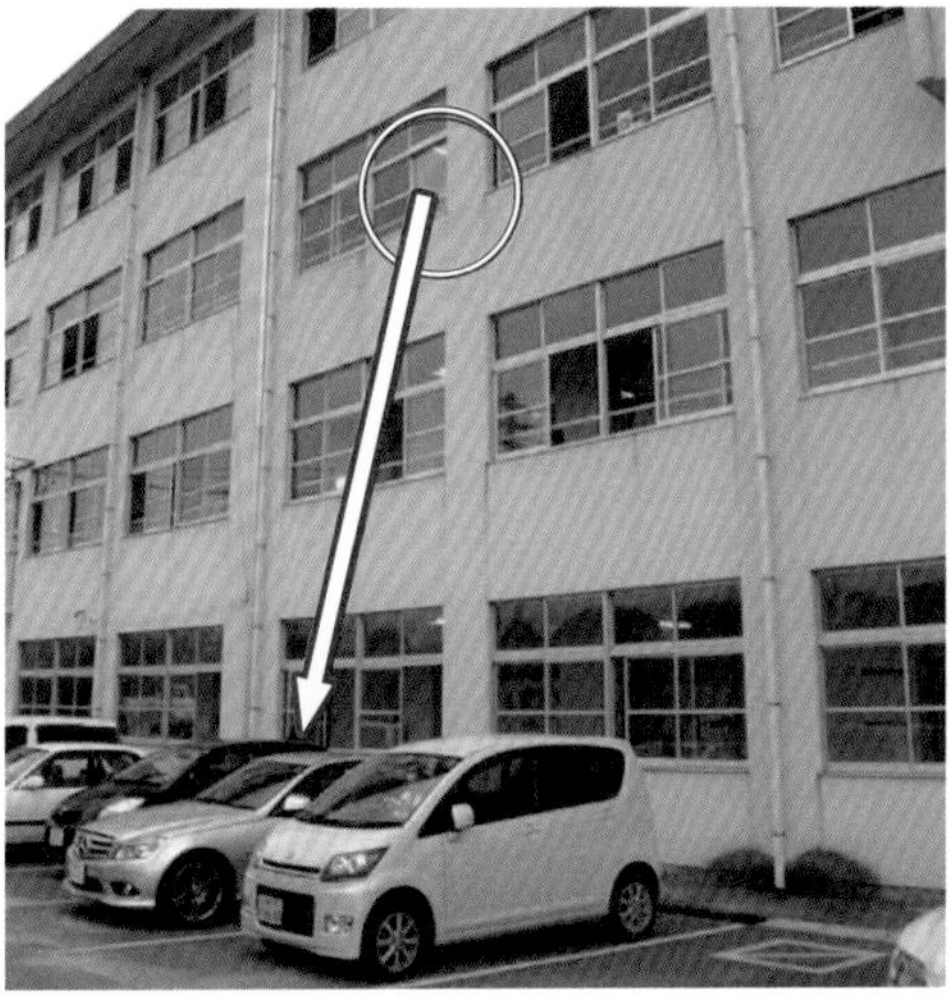

福岡市立平尾中学校では、2009年12月にガラス障子が落下して駐車中の車を直撃した（写真：下も福岡市）

落下した障子のサッシ部分。上框（写真では床側に向いている部分）に設置しているはずの外れ止めがなかった。平尾中学校では落下事故後に枠側に外れ止めを設置した

結局この事故では、市が建物の管理に落ち度があったと認め、損害賠償として合計83万円ほどを支払う羽目になった。

7割弱の学校で外れ止めの不備

事故を受けて市は2009年12月28日、障子の外れ止めの設置状況について、市が管理する各学校に点検を求めた。すると、翌年1月までに市立学校234校中154校で、外れ止めの設置状況に不備が見つかった。

各校では、建築基準法で規定する定期報告に合わせて点検を実施してきた。平尾中学校でも事故前の2006年度に実施済みだった。ところが、事故後の学校による点検では約65パーセントの学校で外れ止めの不備が露呈した。従来の定期点検では、実質的に外れ止めの異常をほとんど確認できていなかったと言える状況だ。

学校による調査で外れ止めの不備が見つかった154校では、不備を確認した部分を2010年3月末までに補修している。市が投じた費用は約2400万円に達した。

2度目の事故は、平尾中学校の事故後に市が実施した調査で「異常なし」と回答した下山門中学校で、2010年2月25日に発生。講堂兼体育館に設置していた引き違い窓の障子が落ちた。事故時には窓は開いていた。サッシは三協アルミニウム工業（設置当時）製で、けが人などはなかった。

市が現場を確認したところ、外れ止めは取り付けられていたが、戸車が劣化していた。そのため、レールへのかかりしろが小さくなっていた障子が、強風でたわんだ際に枠から外れて脱落したとみられている。当日は春一番が吹いていた。体育館は1987年に建設した施設で、落ちたサッシは、建設時に設置したものだった。

事故を受けて市は2010年3月8日、各学校に戸車の調査も求めた。内部の確認は難しいので、開閉時の動きに異常がないか否かの確認

福岡市立下山門中学校の講堂兼体育館の窓は、落下してガラスが粉々に。けが人はいなかった（写真:福岡市）

を各学校に依頼した。市は異常が見つかった学校の補修を進めているものの、異常を訴えた学校数は集計していない。

予算の都合で追加調査を限定

戸車の異常確認を求めた矢先の3月15日、再び下山門中学校でガラス障子が外れた。3階教室の引き違い窓を生徒が開けようとした際に、大きさ81センチメートル×162センチメートルの障子が室内側に倒れたのだ。不二サッシ製のサッシだった。障子は窓の近くにいた生徒の頭に当たり、軽傷を負わせた。

障子が落ちてきた教室は1996年の増築時に完成。サッシは建設時に設置した製品だった。事故後に窓を詳しく調べてみたところ、枠に取り付けてあった外れ止めの一部が欠けていることが分かった。

確認していたはずの外れ止めの不備が明らかになった点について、同校の伊東孝純校長

68ページへ

2010年3月に障子が落ちた下山門中学校の教室の窓枠に設置されていた外れ止め。一部が欠けていた(写真:福岡市)

◉ ガラス障子落下の主な想定メカニズム

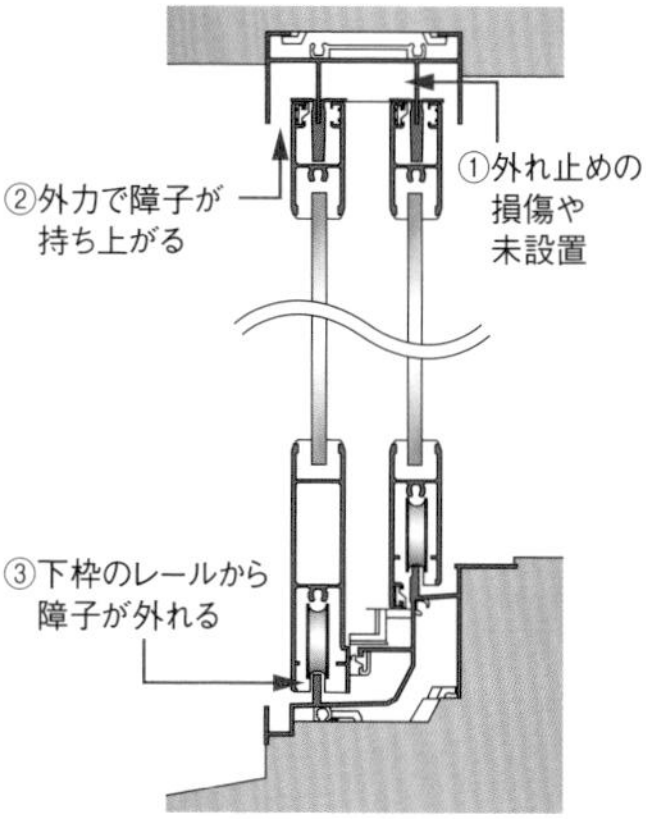
①外れ止めの
損傷や
未設置
②外力で障子が
持ち上がる
③下枠のレールから
障子が外れる

(1) 外れ止めの損傷や未設置による脱落

外れ止めが損傷・脱落したり、障子の設置時に取り付けられなかったりすると、障子が外力を受けた際に持ち上がりやすくなり、下枠のレールから障子が外れて脱落する

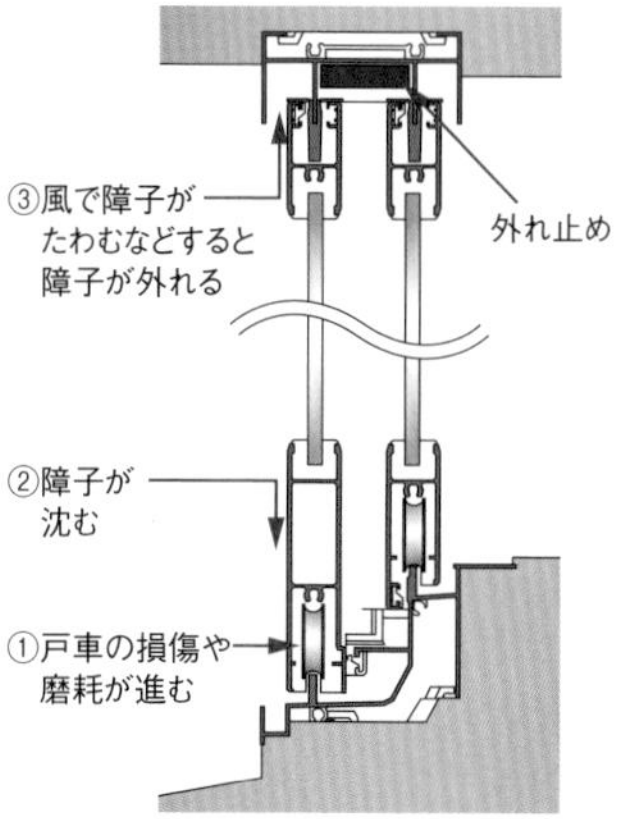
③風で障子が
たわむなどすると
障子が外れる
外れ止め
②障子が
沈む
①戸車の損傷や
磨耗が進む

(2) 戸車の劣化や損傷による脱落

戸車がすり減ると、その分障子は下に沈む。窓枠がゆがむなどして上枠のレールとのかかりしろが小さくなっていたりすると、障子がたわんだりした際に脱落に至る

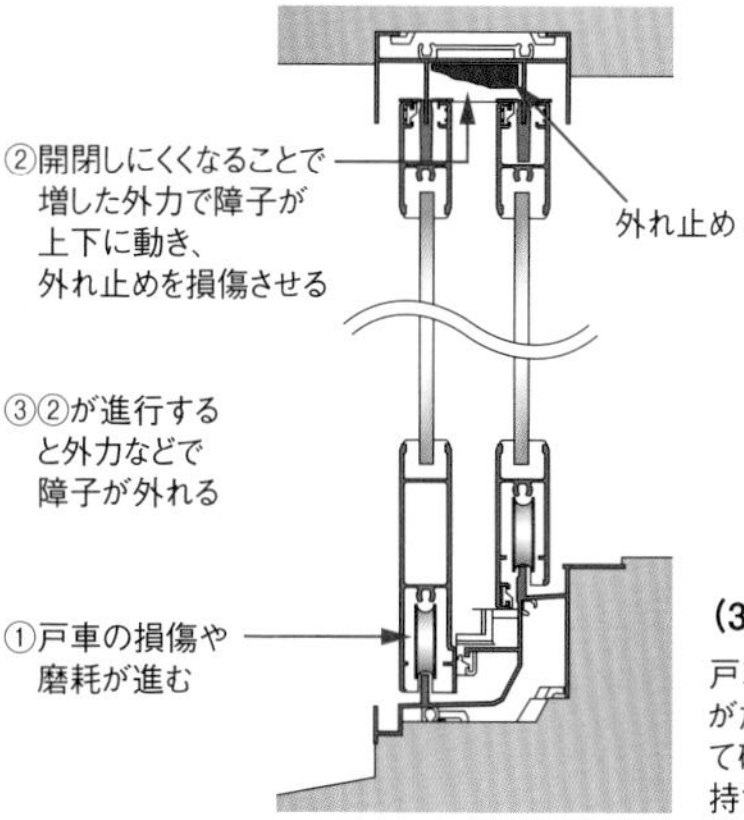
②開閉しにくくなることで
増した外力で障子が
上下に動き、
外れ止めを損傷させる
外れ止め
③②が進行する
と外力などで
障子が外れる
①戸車の損傷や
磨耗が進む

(3) 戸車と外れ止めの損傷による脱落

戸車がすり減って開閉しにくくなると無理な力が加わりやすくなり、外れ止めに衝撃が加わって破損しやすくなる。その結果、ガラス障子が持ち上がりやすくなり、脱落に至る

福岡市の資料や取材などを基に作成

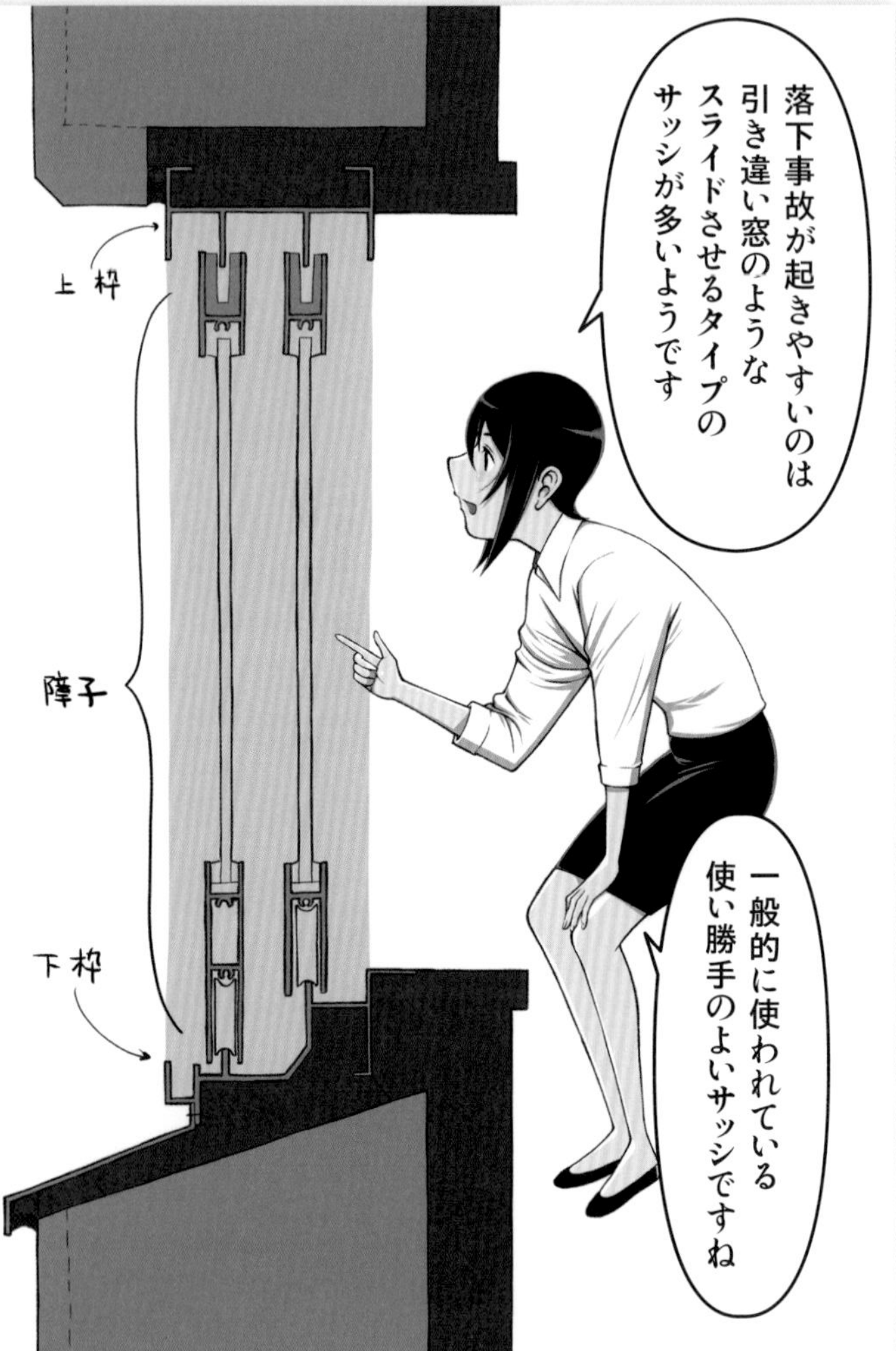
落下事故が起きやすいのは
引き違い窓のような
スライドさせるタイプの
サッシが多いようです
一般的に使われている
使い勝手のよいサッシですね
上枠
障子
下枠

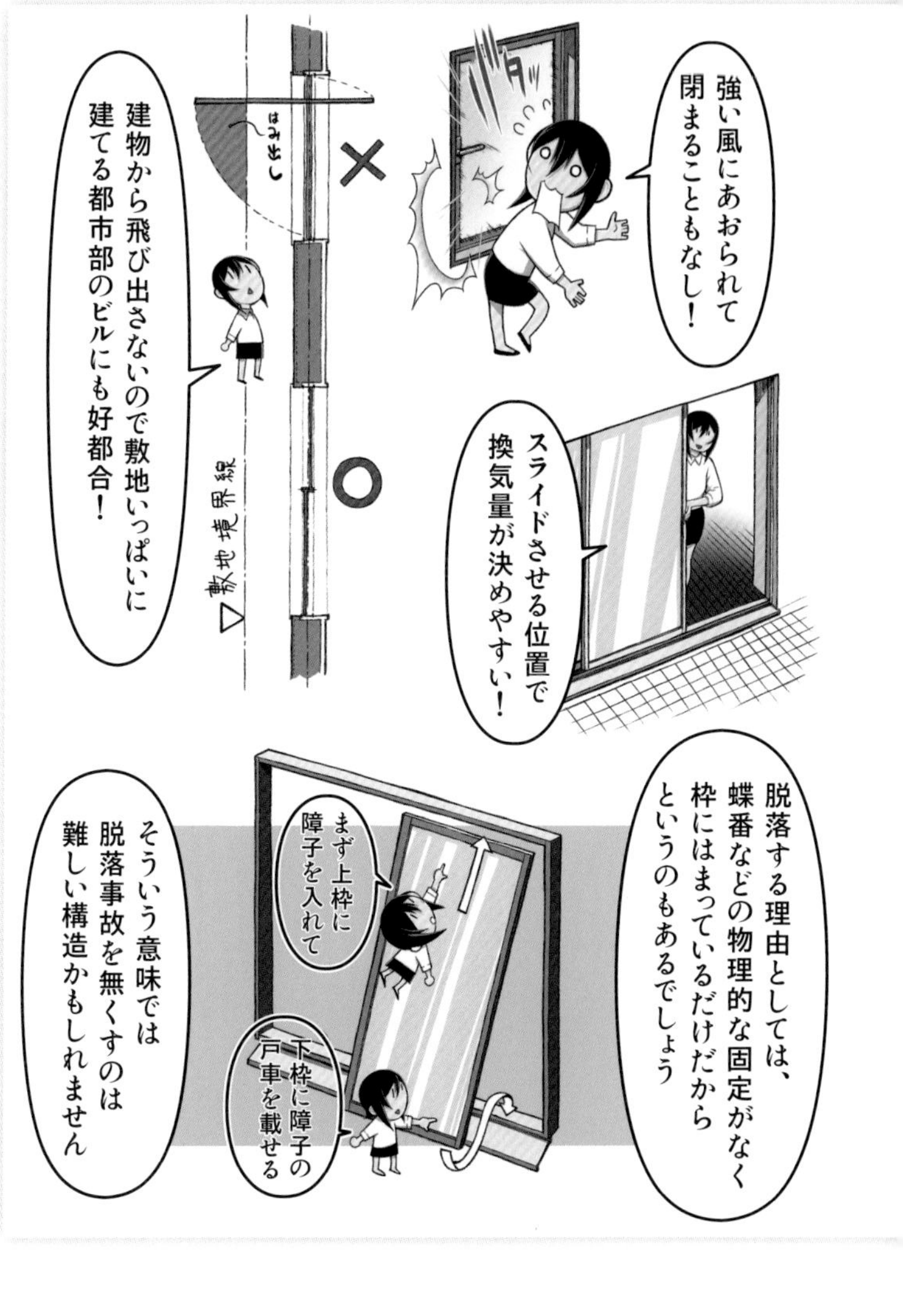
強い風にあおられて閉まることもなし！
バタッ
スライドさせる位置で換気量が決めやすい！
×
はみ出し
○
敷地境界線
建物から飛び出さないので敷地いっぱいに建てる都市部のビルにも好都合！
脱落する理由としては、蝶番などの物理的な固定がなく枠にはまっているだけだからというのもあるでしょう
まず上枠に障子を入れて
下枠に障子の戸車を載せる
そういう意味では脱落事故を無くすのは難しい構造かもしれません

はこう弁明する。「教員が手分けして点検した。外れ止めの有無は市が示したマニュアルで確認できたが、それだけでは正常な設置状態なのか否かまで判断できなかった」。

ここに至って、学校任せの点検では事故防止の対策が不十分になるとみた教育委員会は、建具の専門工事会社に点検を依頼することに決めた。ただし、予算の都合もあり、調査対象は学校による外れ止めの調査で「異常なし」と回答した学校に絞った。

対象となった80校中、27校は、２０１０年3月末までに建築基準法に基づく定期報告のための点検を実施する予定があったので、その機会に外れ止めなどを調べた。

残りの53校の点検を、市は西日本総合リフレッシュ（福岡市）に依頼。さらに市は、当初の外れ止めの点検で異常が認められた学校のうち用務員が補修した7校の調査も追加。同社が外れ止めや開閉による戸車の異常などを確認した。調査費は約３５０万円だ。

専門家の点検では全校に課題

3度目の事故から約3カ月後の２０１０年6月13日、専門工事会社などによる再調査の対象とならなかった東光中学校で落下事故が発生した。体育館を使用していた地域の利用

◉ **福岡市の学校で起こった事故と調査の経緯**

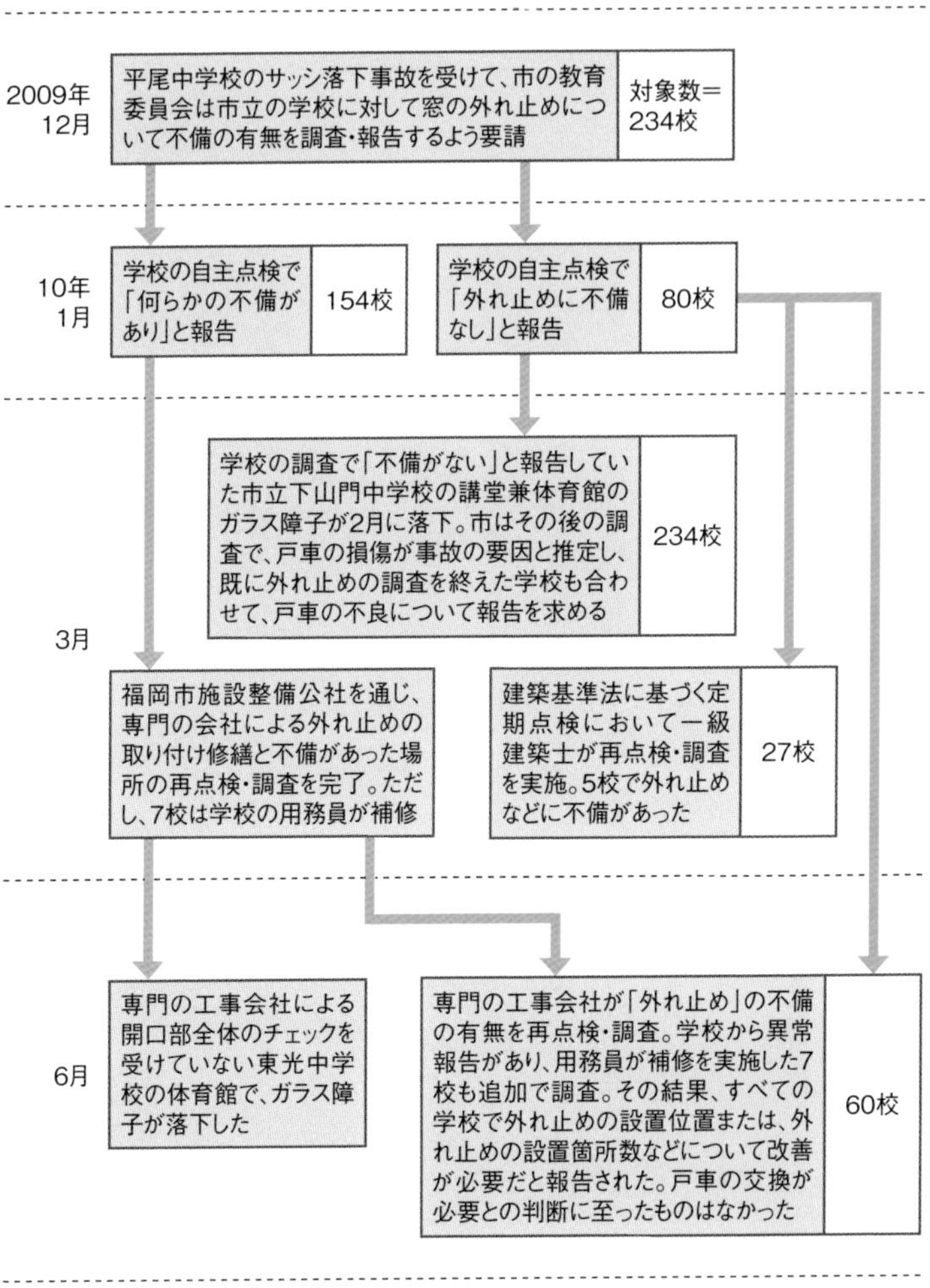
2009年12月
平尾中学校のサッシ落下事故を受けて、市の教育委員会は市立の学校に対して窓の外れ止めについて不備の有無を調査・報告するよう要請
対象数＝234校
10年1月
学校の自主点検で「何らかの不備があり」と報告
154校
学校の自主点検で「外れ止めに不備なし」と報告
80校
学校の調査で「不備がない」と報告していた市立下山門中学校の講堂兼体育館のガラス障子が2月に落下。市はその後の調査で、戸車の損傷が事故の要因と推定し、既に外れ止めの調査を終えた学校も合わせて、戸車の不良について報告を求める
234校
3月
福岡市施設整備公社を通じ、専門の会社による外れ止めの取り付け修繕と不備があった場所の再点検・調査を完了。ただし、7校は学校の用務員が補修
建築基準法に基づく定期点検において一級建築士が再点検・調査を実施。5校で外れ止めなどに不備があった
27校
6月
専門の工事会社による開口部全体のチェックを受けていない東光中学校の体育館で、ガラス障子が落下した
専門の工事会社が「外れ止め」の不備の有無を再点検・調査。学校から異常報告があり、用務員が補修を実施した7校も追加で調査。その結果、すべての学校で外れ止めの設置位置または、外れ止めの設置箇所数などについて改善が必要だと報告された。戸車の交換が必要との判断に至ったものはなかった
60校

(注)取材に基づき作成

者が、窓を閉めようとした際に起こった。

落ちたのは体育館の片引きの防音窓。豊和工業製のサッシを用いた窓で、外れ止め自体は枠に設置されていたものの、その位置がずれていたために、事故を招いたとみられる。

同校は教員による点検で、別の開口部について外れ止めの不備を発見し、異常を確認した部分を補修していた。同校の中村善治校長も下山門中学校の伊東校長に同調する。「外れ止めの設置位置のような細かな点を学校の教員たちが点検することには無理がある。専門家による点検が必要だ」。

同種の事故が立て続けに発生し、対策が後手に回った市は、全校での専門家による調査を検討中だ。予算が手当てできれば2010年度中に実施する。調査のほか、市は老朽化が進んでいる部分を大規模改造時などに改修していく方針も掲げる。

西日本総合リフレッシュが6月末に市に伝えた調査結果では、同社が調べたすべての学校で外れ止めの設置位置または設置箇所数などを改めるべきだと指摘した。専門家によるサッシの調査と補修が終わるまで、学校現場には不安な日々が続く。

（注）日経アーキテクチュア2010年7月26日号の記事「頻発する開口部の落下」を再構成。登場する組織、肩書きなどは取材当時のもの

その後も立て続けに窓が落下

実は、この記事を公開した後の２０１０年８月16日、文部科学省は「既存学校施設の維持管理について」という事務連絡を出している。引き違い窓の障子が落下する事故に対して、全国の学校施設でも注意を払うよう通知したのだ。著者による取材・記事化を契機にして、同省が全国的な注意喚起を図るに至った。

それでも、窓の落下事故は続いた。例えば、調査や対策を推進してきた福岡市では、文科省が事務連絡を出した後の約半年間で、さらに２件の事故が起こった。２０１０年11月に名島小学校の体育館で、２０１１年２月に香椎東小学校で、それぞれ窓が落下した。

ガラス障子の落下が目立ったのが、２０１１年３月の東日本大震災だ。文科省の調査によると、避難所として利用されるケースが多い体育館（屋内運動場）では、東日本大震災において障子ごと落下したケースが34件確認できている。

その後も同種の事故が続く。２０１９年10月には、長崎県大村市内の小学校で校舎１階に設置された引き違い窓の障子が開閉時に落下。児童が負傷した。文科省では２０２０年５月に発行した「学校施設の維持管理の徹底に向けて―子供たちを守るために―」で、こうした事故事例を紹介。改めて注意を促したものの、事故はなくならない。

最近では2022年6月に、千葉県松戸市内の市立貝の花小学校で3階の窓の開閉に伴ってガラス障子が落下。障子に当たった児童が頭部を縫うけがを負った。同市内では同年9月にも市立松ケ丘小学校でガラス障子の落下事故が発生するなど、2020年度から2022年度の3年間で5件の同種事故が確認できている。

いつまでも事故が続く要因は、文科省が2020年5月に発行した前述の資料から透けて見える。同資料内のデータでは、施設の定期点検を技術的な知識を持たない人が担っているいると回答した市区町村の教育委員会が4割以上に達していた（アンケートは2019年度に実施）。福岡市の事例で浮き彫りになった施設点検の課題がきちんと改善できていないのだ。松戸市の事故では、そもそも定期点検時に外れ止めなどに対して十分な注意が払われていなかったことも明らかになっている。

窓の落下事故は学校施設に限った話ではない点にも注意が必要だ。住宅などでも引き違い窓の落下事故は起こっている。落下という観点でより安全な、ガラス障子を屋内側から取り外しやすい「内はずし式」の窓を採用するケースは増えている。しかし、既存の建物を中心に、事故時のリスクが大きい「外はずし式」の窓はまだまだ多い。同種の窓を使っ

76ページへ↙

◉ 定期的な点検の実施状況と技術的知識の有無

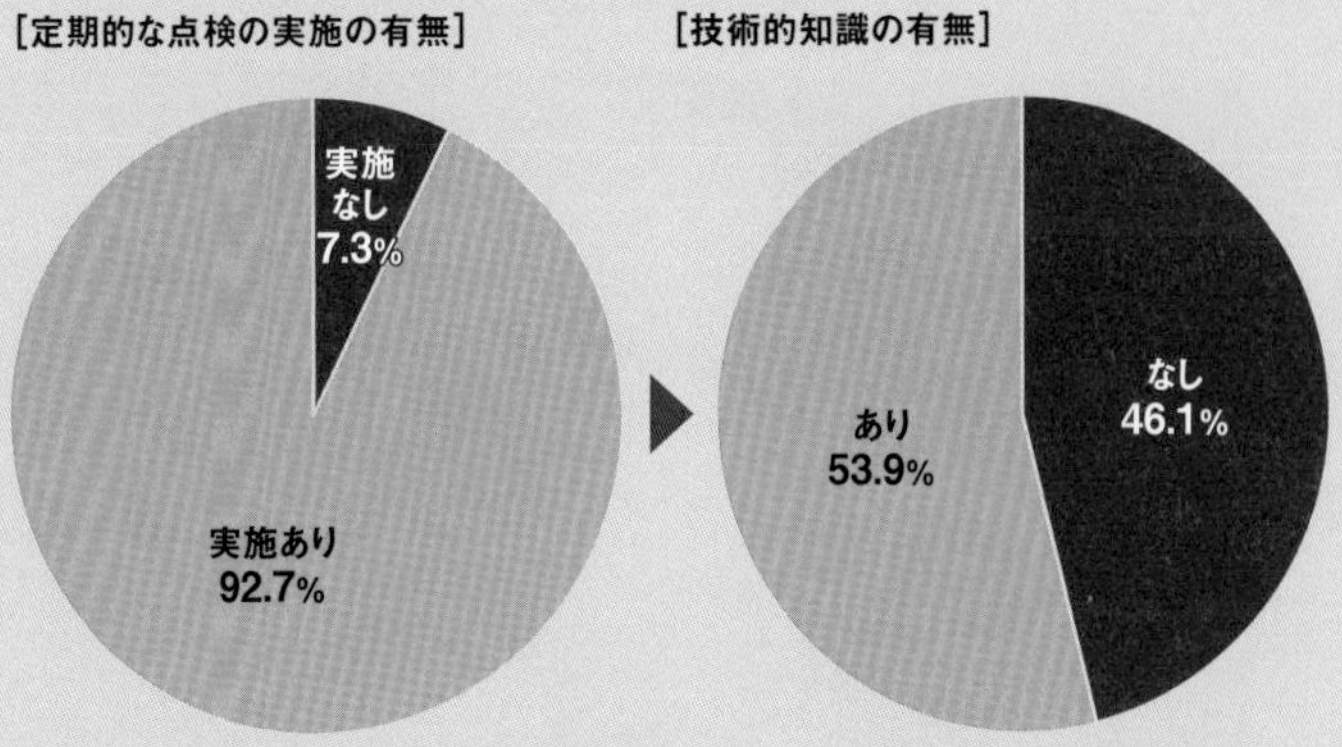

文部科学省が2020年5月に示した「学校施設の維持管理の徹底に向けて」内に提示された市区町村の教育委員会に対するアンケート（19年度に実施）結果に基づいて作成

◉ 転落事故の発生件数は季節差が大きい

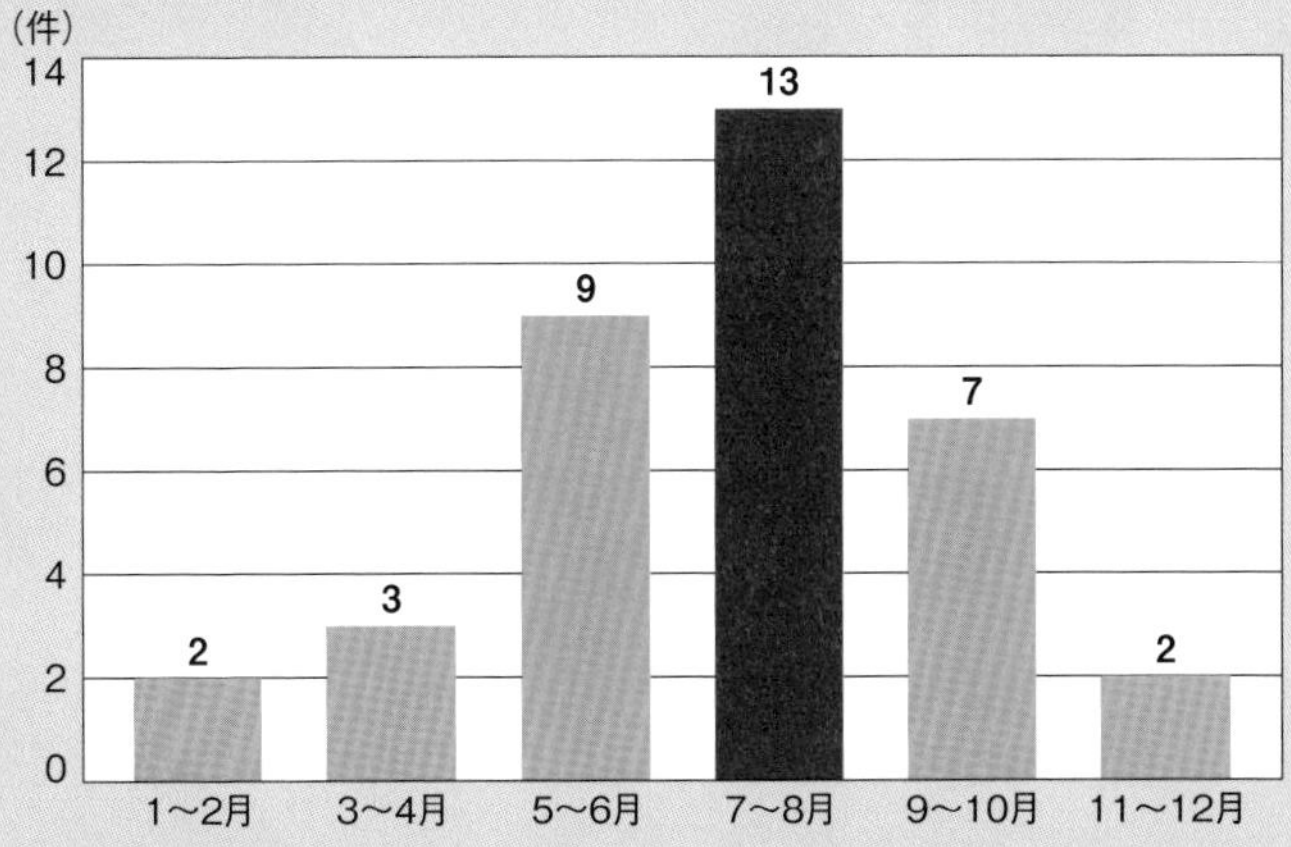

厚生労働省の人口動態調査を基に、2014年から18年に生じた9歳以下の子どもの建物からの転落による死亡事故を、発生時期ごとに消費者庁が分類・集計した結果に基づく

以前、自宅兼仕事場のマンションを大規模修繕する時に網戸を外すように言われたんですが、1人でやるしかなかったので大変だったなぁ
台所の窓は面格子なしだから下手すると網戸落下
カラカラ・・・
外れ止め
網戸
外れ止めは上框に2カ所、1カ所は召し合わせに隠れてドライバーが入らず

まずは外せる方を
先に外そう
ネジやるめて
下げる
次に窓と網戸を
スライドさせて
隠れてた方も解除
これで外れ止めが解除
されたので網戸を持ち上げて
外側に押し出して
取り外し
落下注意!
どうにかこうにか
部屋に取り込み!
うおりゃあ
取り付けの
ことを考えると
憂鬱になって
しまう……
そんな
経験
でした

ていれば、施設の用途を問わず、事故のリスクは無視できない。

74ページと75ページのイラストでは、一級建築士としての実務経験も持つ鬼ノ仁氏が網戸を題材にした体験を描いている。網戸の落下も少なからず発生している事故だ。軽い建材とはいえ、高さのある階から落下してきた網戸が人を直撃すれば、大惨事を招きかねない。

網戸は体重を掛けると外れやすくなる。子どもが網戸に寄りかかって網戸ごと転落する事故も繰り返されている。建物からの子どもの転落は窓を開けて網戸を用いる春から秋にかけて頻度が高くなっており、消費者庁が注意を呼びかけている。

省エネ改修時のリスクにも注意

近年、住宅の省エネ改修を行うために窓ガラスを複層化して、断熱性能を向上させようという取り組みが広がっている。国もグリーン住宅ポイント制度やこどもエコすまい支援事業と呼ぶ制度で消費者に改修費用を補助する取り組みを推進してきた。

ただ、こうした取り組みも適切に進めなければ、新たなリスクを引き起こしかねない。

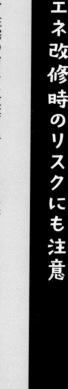

以下に、前述の制度と同様に、住宅のエネルギー性能向上の推進を狙った住宅エコポイント制度の開始時に執筆した記事を振り返る。窓の改修に伴う潜在的な障子の落下リスクを指摘したものだ。引き違い窓の安全性を考えるうえでは、今でも参考になるはずだ。

共有されないトラブル事例

引き違い窓が落下する事故は散見されているものの、事故に対する目立った報道は少なく、事故が各地で発生している実情を知る人は少ない。例えば、管轄する学校で２００９年にガラス障子の落下事故があった福岡県柳川市の教育委員会学校教育課は、著者が同課を取材した２０１０年６月25日時点で、近隣の福岡市で起こった事故について把握していなかった。

こんな状況は柳川市に限ったことではない。サッシを扱う大手メーカーに伝わる事故情報も限定的だ。ＹＫＫ ＡＰ品質保証部ビル品質保証室の阿部洋司室長は、次のように明かす。「自社製品の落下に関連した情報は年１、２件ほど届く。ただし、ほとんどは障子が本当に落ちる前の戸車が脱輪したといった情報だ。引き違いの窓や経年したものが多い。他社の製品の情報は分からない」。

他方、建具の専門工事会社のなかには、ガラス障子の落下が珍しい現象ではないと警告するところもある。例えば、東京都渋谷区に拠点を置く川名硝子店の川名吉治代表は、「この１年半くらいで開口部の脱落に伴う補修を２件手掛けた」と証言する。

川名氏は東京都板硝子商工協同組合で同業他社の若手への技術指導などを担う教育情報委員会の委員長を務めるベテランでもある。

そして、最近のサッシは複数の機構を備えるなど安全性が高まっていると前置きしたうえで、川名代表はこのように続ける。「集合住宅を含めたビル用では20年くらい、木造の戸建て住宅用なら10年くらいたった古いサッシについては、落下のリスクについても注意を払った方がいいだろう」。

複層化のリスクを指摘する声も

既存の窓で相次ぐ事故を踏まえ、住宅エコポイント制度が後押しする窓の断熱改修のリスクを指摘する声も上がる。既存サッシを用いて単板ガラスをアタッチメント付き複層ガラスに替える改修を指した意見だ。ほかの改修に比べて費用が安い点が魅力で、エコポイント利用の伸びに合わせて採用実績を伸ばしている。

リスクを指摘する理由の1つは、荷重の増加だ。同じ厚さのガラスを使って複層にすれば、荷重は約2倍になる。戸車が支える重量もこれに比例し、劣化や磨耗を早めるからだ。

この指摘に対して、建築用の加工ガラスの製造や販売を手掛けるＡＧＣグラスプロダクツ（東京都台東区）の事業企画部マーケティンググループの菊田純一主幹はこんなふうに説明する。「既存サッシにアタッチメント付き複層ガラスを入れる場合、重量を制限した設計にしている」。

具体的な内容は次の通りだ。「引き違い窓であれば長辺が1・5メートル以下でガラス重量を30キログラム以下、1・5メートルを超える場合で55キログラム以下に抑えている。一般的な戸車の耐荷重を基に決めたものだ。この製品について過去に障子の脱落事故の報告は受けていない」（菊田主幹）。

一方、戸車のメーカーである中西金属工業特機事業部の東京営業グループの橋本勝広グループ長は、次のように注意を促す。「複層ガラスへの交換に際して、既に経年した既

◉ 既存サッシを流用した窓の断熱改修の概念図

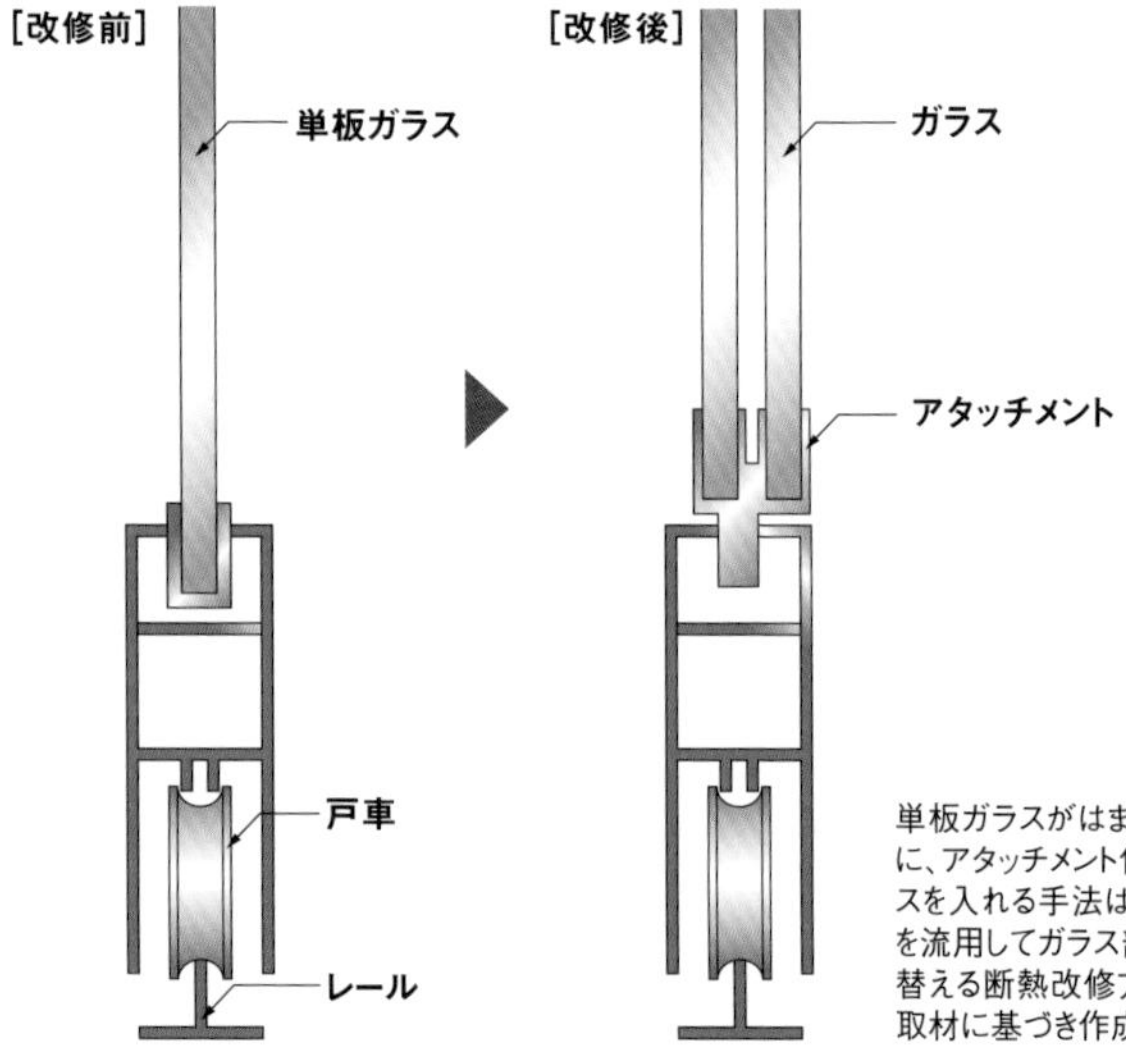

単板ガラスがはまっていたサッシに、アタッチメント付きの複層ガラスを入れる手法は、既存のサッシを流用してガラス部分のみを取り替える断熱改修方法の一つだ。取材に基づき作成

存サッシの戸車の劣化度合いを数値などで検証することは困難だ」。

「工事では、戸車や外れ止めに問題がないかを経験から判断するしかない」と、川名代表は付け加える。古いサッシの場合、既にメーカーが存在しない場合も少なくない。ガラス交換時のリスク回避は、現場の判断に大きく依存する。だが、施工を手掛ける人材は、古いサッシにも精通したベテランばかりではない。

複層化の工事の有無にかかわりなく、通常の戸車の劣化は動作確認で発見できると話す建築実務者は多い。かといって利用者側にこうした意識を期待するのは難しい。

実際の事故例では、開閉しにくくても利用者の意識が開閉に集中し、無理な力が加わった事例が少なくないからだ。不特定多数の人が使う施設や賃貸住宅などでは、多少の異常が放置されることは決して珍しくない。

定期報告制度の活用を

小さな事故が続き、さらにガラス交換をはじめとする開口部の改修に注目が集まっている今こそ、落下事故防止の対策を再検討すべきだ。

事故を未然に防ぐには、まずは建物の所有者や管理者にガラス障子の落下が建物のリスクとして存在する点を認識してもらわなければならない。その手法として、定期報告制度を用いてはどうか。同制度では特殊建築物などの安全性を定期的に確かめるよう建物所有者に求めている。

現状の定期報告の調査業務基準では、サッシの劣化状況やはめ殺し窓のガラスの固定状況などを項目に据える。基準の解説では落下リスクを示し、調査方法として開閉確認も促している。にもかかわらず、外れ止めや戸車に注意を払えるような具体的な説明は見当たらない。そのため、事故を繰り返した福岡市の学校からうかがえるように、外れ止めの設置状況などの確認が行き届かない恐れがある。

国土交通省建築指導課では、定期報告の内容見直しや窓の落下に対する安全性の調査の実施などに慎重な姿勢を示す。

しかし、事故は繰り返し起こっている。外れ止めの取り付け状況やサッシの動作確認などを、定期的に確実な方法で確かめられるような対策を早急に求めたい。ただ、すべての窓を対象にすると負担が大きい。所有者なども納得しにくいだろう。

ＪＡＳＳ１６建具工事の改定など建具関連の基準作成に幅広く携わってきた東京大学大

学院の清家剛准教授はこう説く。「トラブルの原因や傾向を十分に分析せぬまま、外れ止めだけ設置していればいいとする対応は危ない。点検を強化するとしても、事故事例の集計や原因分析を進めたうえで、本当に必要な対象を絞り込むことが大切だ」。

仕様統一も解決の一案に

戸車のＪＩＳは制定されているが、外れ止めには安全性能や設置方法といった点について共通の規格などが存在しない。この点にも課題がある。メーカーによって仕様がまちまちで、消費者やユーザーにとってその存在や性能は分かりにくいものになっているからだ。福岡市でも、学校任せでは外れ止めの設置状況の妥当性を把握できず、事故を重ねてしまう結果となった。

現状の新しい窓については、メーカーの努力によって落下に対する安全性は高まっている。それでも、将来の点検や改修などの維持管理を考慮すれば、外れ止めの設置状況や構造などを誰にでも分かりやすくしていくことは重要な視点だ。

メーカー各社は、独自の製品開発によって安全対策を図ってきた。そのため、規格化は容易でないという声が根強い。それでも、事故が続いているとなると話は違う。日本サッシ協会の広瀬豊事務局長はこう語る。「本当に事故が発生し、安全部品の課題が出てくるのであれば、統一的なガイドラインの作成なども検討する必要が出てくるのではないか」。

広瀬事務局長が語るように、メーカーによる自主的なガイドラインの制定など、取り組めそうな方策を探ることは急務だ。

設計者や施工者には過去に建てた建物について、発注者に注意を促す取り組みを期待したい。高断熱化など様々な機能向上を組み合わせた改修や維持管理の提案を上手に繰り出せば、新たな設計や施工業務に結び付く可能性も出てくる。建物を改修する機会を得た場合には、事故防止の仕掛けを設計段階から検討しておきたい。

例えば、窓周りの庇の増設によって、落下時の被害防止と日射制御による温熱環境の改善とを同時に図ることなどが可能だろう。こうした対策は、熱処理ガラスの自然破損による落下防止にも有効だ。

（注）日経アーキテクチュア2010年7月26日号の記事「頻発する開口部の落下」を再構成。登場する組織、肩書きなどは取材当時のもの

報道後に動き出した専門団体

日本サッシ協会は、この記事が掲載された後、安全対策に乗り出した。同協会技術委員会では、記事中で提言した項目に対する対応策を提示。協会会員などに対して、今後対応すべき3つの項目を周知している。

1つ目は定期的な保守の実施についての再徹底だ。同協会は「ビル用引き違い窓・片引き窓の障子落下に関する対策ガイドライン及び保守管理上のお願い」を2002年に策定して運用しており、このガイドラインの内容を改めて会員に徹底するだけでなく、メンテナンスや施工を手掛ける会社、建物の管理者に対してサッシの安全な使い方などを伝えていくよう依頼した。

2つ目は外れ止めに関する対応だ。記事では統一基準などを提言したものの、サッシの構造や技術革新の状況、用途の多様性などを踏まえると統一基準や規格の作成は困難と判断。施工者などが引き渡す際に正しい調整を行ったり、利用者側も定期的な維持管理を行ったりするよう求めていくこととした。

もう1つは、既存サッシを活用した複層ガラスへの改修時にリスクとなる戸車劣化への対

平成２２年１０月１日

会員並びに関係者各位

日経アーキテクチュア（2010 - 7 - 26）に掲載の
「頻発する開口部の落下」記事について

（社）日本サッシ協会
技術委員会

標記の件につきまして、掲載記事に次の３つの項目が提言されています。

（１） 定期的維持管理の実施

（２） はずれ止め金具の安全基準の策定

（３） 複層ガラスへの改修の安全対応

（社）日本サッシ協会 技術委員会ではこれらの提言について、会員及び関係者の方に向けてその見解と今後の活動について下記のようにまとめました。会員ならびに関係者の皆さまにはご理解いただくと共に、今後ともご高配いただきますようお願い申し上げます。

（１）定期的維持管理の実施

サッシ協会では、平成１４年に「ビル用引き違い窓・片引き窓の障子落下に関する対策ガイドライン及び保守管理上のお願い」を策定し、運用してまいりましたが今回の記事提言を受けて、このガイドラインについて会員へ向け再徹底をお願いしてまいります。さらにメンテナンス、施工業者の方、建物の管理者の方に向けては、サッシの安全な使用方法及び、保守管理のメンテナンス実施をお願いしてまいります。

（２）はずれ止め金具の安全基準の策定

障子のはずれ止め金具については、サッシ構造・はずれ止め機構の違い・技術の進歩・使用環境・操作状況・用途の多様性から、統一した基準や規格作りは困難と判断してお

日経アーキテクチュアによる提言に対して、日本サッシ協会が2010年に対応策を示した資料

JBOA

一般社団法人
建築開口部協会

TOP　協会案内　事業活動　講習会等　出版物等　入会案内　会員サイト

事業活動

点検・メンテナンス
■学校の窓点検
■窓・玄関ドア

リフォーム・改修・改装
■マンションの窓の断熱改修
■改装技術
■コンテスト

防火・防災
■防火設備（防火戸）についての関連法規
■関連技術
■協会所管の認定と運用停止
■防犯対策

メタルカーテンウォール
■技術情報等

点検・メンテナンス　学校の窓点検

登録学校窓点検事業者による点検

トップ > 事業活動 > 点検・メンテナンス > 学校の窓点検 > 登録学校窓点検事業者による点検

□ 基本的考え方

- 学校の維持管理・点検に係る技術職員が不足している現状及び窓の点検には一定の専門知識が必要と考えられることから、サッシ事業者による点検の仕組みを構築することとしました。
- できるだけ多くの学校で点検を実施するためには、点検費用をできるだけ少なくすることが必要と考えられます。このため、窓の落下防止に必要な項目（外れ止め、戸車等）に絞って点検を行います。
- 点検方法や判断基準を定め、点検の質を確保します。また、点検を実施する事業者は一定の技術力を有すること等とします。
- 点検事業者は、点検結果を依頼者にわかりやすく示すとともに、適切な管理につなげるため、必要な修繕、改修等の提案を行います。

□ 点検項目、点検方法、評価基準の概要

点検項目	● 戸車、外れ止め、クレセント、その他開閉操作に関わる部品
点検方法	● 全ての窓について開閉確認※、必要に応じて障子を取り外して状態を確認し※、点検項目ごとに評価基準にしたがい評価 ※建築基準法の定期調査では、窓については「目視または開閉」により確認となっており、協会の点検制度はより詳細な安全確認を行うものです。
評価基準	● 全ての窓の各点検項目について劣化度により4段階に区分 ● 劣化度３（機能低下）、劣化度4（欠損又は破損等）のものがある場合は、当該

建築開口部協会が学校窓点検管理士の資格を持つ点検事業者を登録して、その事業者による窓の点検を推奨している。点検方法などを公表したウェブサイト（資料：建築開口部協会）

応だ。この点については、ガラス交換改修時に施工会社に対して重量増加に伴う戸車交換や部品の健全性確認などに注意してもらうようにするとした。

だが、既に述べたとおり、学校施設などで窓枠が落下し、生徒などに被害が出る事故はなくなっていない。そして、この記事の発表から13年後の２０２３年、学校における開口部落下のリスクに業界を挙げて対応しようという制度がようやく立ち上がった。サッシメーカーなどが集まる建築開口部協会が、窓の落下防止を図るために、登録を受けた事業者による点検制度を始めたのだ。

開口部の点検の仕組みを設けて、「学校窓点検管理士」を育成・登録し、開口部の安全性を確保する。制度がうまく機能して、少なくとも学校における開口部落下の事故撲滅が実現することを期待したい。

第4話

開口部からの転落

窓からの子どもの転落がなくならない

※医学用語などでは身体が浮いた状態で落下することを「墜落」、階段などに接しながら落ちることを「転落」とするが、本書では厳密に区別しない

２０２３年３月、名古屋市内のマンションの腰窓から双子の幼児２人が転落して亡くなった痛ましい事故が、新聞やテレビで大きく取り上げられた。こうした、窓から子どもが転落して死亡したり大けがをしたりする事故は、過去に何度も起こっているにもかかわらず、なかなかなくならない。

消費者庁が２０２０年９月に窓やベランダからの子どもの転落事故のリスクを訴えかけた資料を見てみると、近年発生した開口部からの転落事故がいくつも紹介されている。「子どもが網戸に寄りかかったところ網戸ごと転落した」「ソファをよじ登って窓から転落した」など、過去に繰り返されてきた事故が並んでいる。こうした悲劇はなぜなくならないのだろうか。

以下に示すのは、宇都宮市内にある団地で子どもの転落事故が長年にわたって続いてきたという残念な事例を取り上げて伝えた記事だ。15年以上前に取材・執筆した情報ではあ

るものの、そこから見えてくる事故要因やその要因を踏まえた安全対策は、今も役立つ普遍的な内容だ。

6年に3度も幼児が窓から落ちた団地

宇都宮市内に位置する山王市営住宅10号棟で、2007年6月30日に1歳11カ月の男児が3階北側の腰窓から転落する事故が発生した。落下地点が緑地の上だったことも幸いし、けがはなかった。

男児が転落した腰窓部では、腰壁の高さは70センチメートルだった。室内側には床から90センチメートルと1・1メートルの高さにステンレス製の手すり2本を水平方向に渡していた。手すりは2001年の入居開始時から取り付けてあった。

手すりがあったにもかかわらず事故が生じたのは、居住者が腰窓の脇に高さ50センチメートルのベッドを設置していたからだ。男児はこのベッドを踏み台にして、手すりをくぐり抜けるか乗り越えるかして転落した。同市営住宅では、この事故のほかに少なくとも

2件の転落事故が確認されている。いずれも北側の腰窓から幼児が落下した。

最初は2001年5月に10号棟の東側に建つ13号棟の4階から1歳の男児が転落した。居住者が室内に置いたジャングルジムで遊んでいて窓から飛び出た。幼児は緑地に落ち、けがを免れた。市は建物には問題はないと判断。事故後の対策を、市営住宅の住民に注意を促すチラシの配布にとどめた。

もう1件は2006年に4階から幼児が転落した事故だ。2007年の事故と同じ10号棟で発生した。この事故でも幼児は緑地に落ちて無事だった。そのため市に報告がなく、2007年の事故後に事実が判明した。転落したのは居住者の知人の子どもで、事故原因など詳しい内容は不明だ。

幼児の転落が相次いだ宇都宮市の山王市営住宅の10号棟（写真：下も宇都宮市）

2007年の事故後、山王市営住宅内のすべての腰窓の外側に窓用手すりを設置している

なぜこの市営住宅では転落事故が相次ぐのでしょうか

吹抜
物入
物入
洋室
玄関
DK
転落
押入
物入
和室Ⓐ
押入
押入
和室Ⓑ
バルコニー
バルコニー
偶然などではなく
そこにはきっと必然が
あるはずです

ϟ 開放感を重視して柵を設けず

宇都宮市は山王市営住宅を整備する前から、市営住宅には腰窓の外側に縦桟付きの窓用手すりを採用していた。

しかし、山王市営住宅ではその仕様を踏襲しなかった。事故が起こった建物を含む10号棟から13号棟を設計した鈴木公共建築設計監理事務所（宇都宮市）の三富健次氏は、設計意図を次のように説明する。「北側で4・5畳や5・5畳という比較的狭い居室なので、なるべく窓から自然光を取り入れて広さを感じられるようにした。腰壁を高さ70センチメートルと低くし、室内側に手すりを設けた」。

幼児が転落した10号棟や13号棟がある敷地の西側には、1号棟から9号棟が並んでいる。同社はこれらの建物の意匠との連続性も踏まえ、10号棟から13号棟の窓回りの設計を固めていった。

「1号棟から9号棟は南北方向に長い敷地に建物を囲み配置にした。その結果、採光が課題となり、腰窓の下端を床から80センチメートルの高さにした。外部に柵を設けず、腰窓部分には室内側に手すりを1本渡した」（市住宅課課長の大森義夫氏）。

腰窓に手すりを設置する転落防止策を講じていたにもかかわらず、２００７年の事故を招いた一因は、居住者が腰窓の横にベッドを置いた点にある。

10号棟から13号棟の設計を担った鈴木公共建築設計監理事務所の三富氏は、「誰が入居するか分からないので、設計時点では部屋の使い方まで決められなかった」と弁明する。市住宅課課長の大森氏も「ベッドの設置は想定外だった」と事前の予測が難しい旨を説明する。

しかし、誰が入居するか分からないからこそ、設計には十分な配慮が必要となる。事故が起こった洋室では、出入り口や収納空間の横を避けるとベッドを置ける位置は

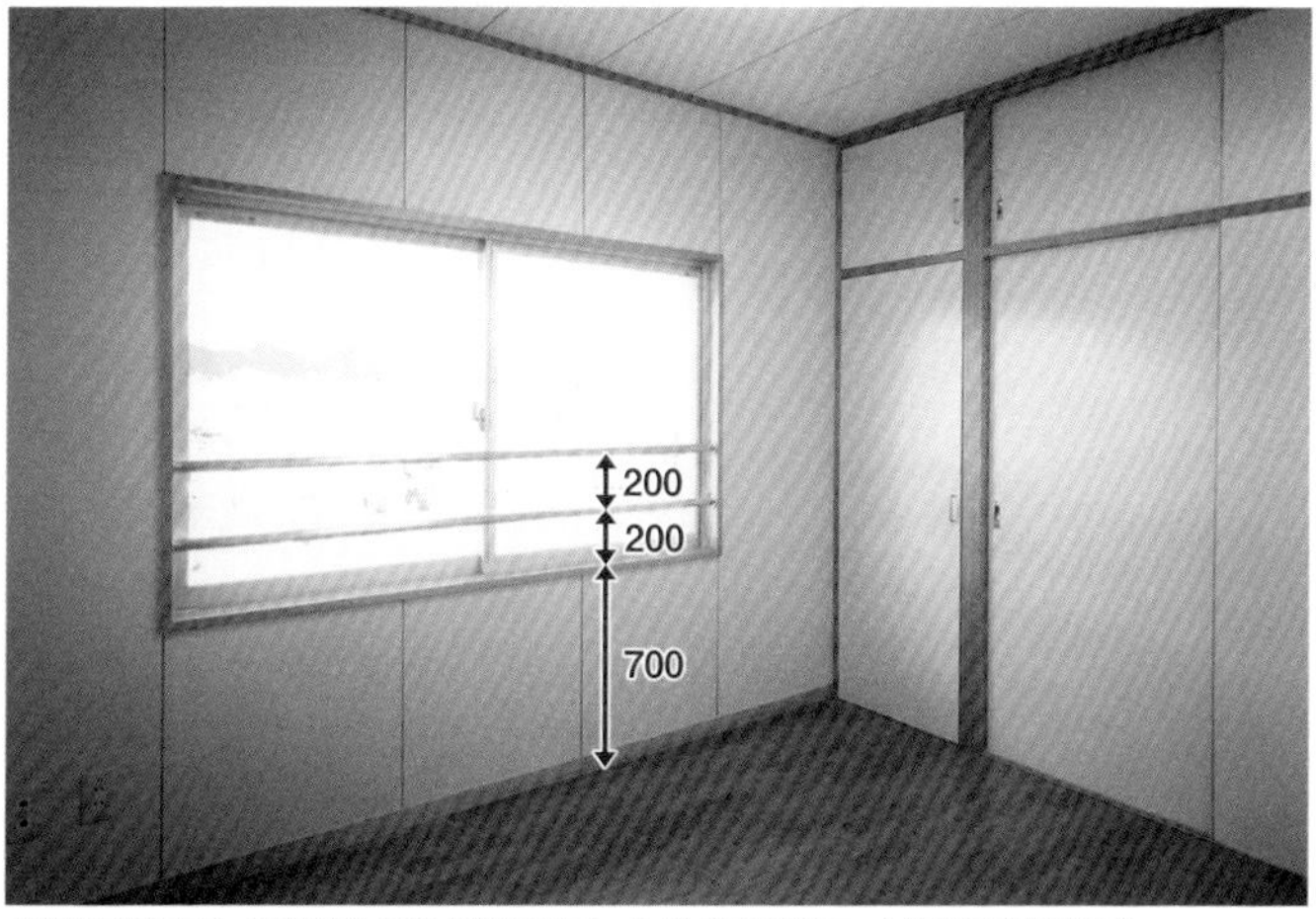

北側洋室の内部。腰窓部分に手すりを設けていたが、事故は起こった（写真:宇都宮市）

◉ 転落事故が起こった住戸の間取りと居室断面

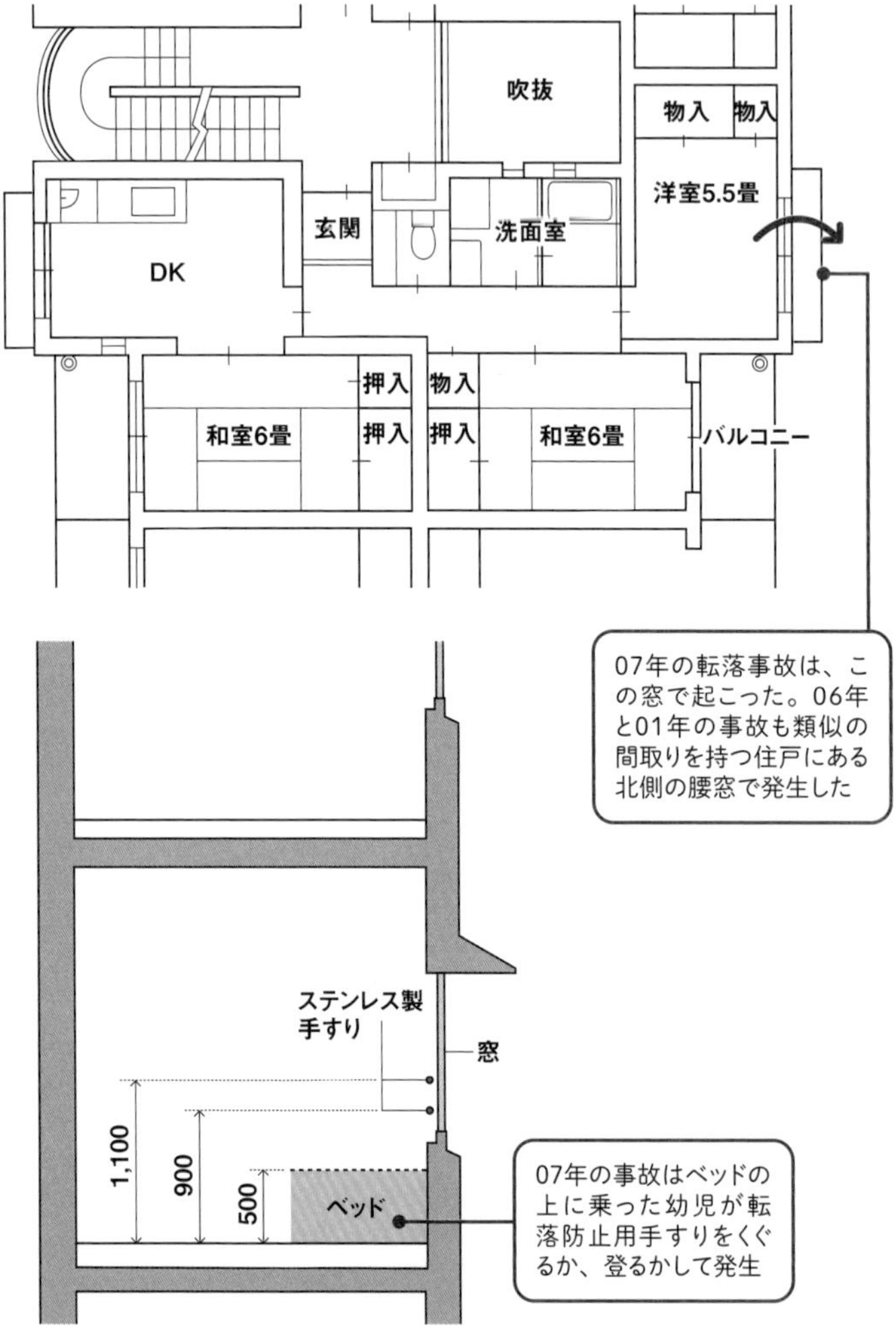
吹抜
物入
物入
洋室5.5畳
玄関
洗面室
DK
押入
物入
和室6畳
押入
押入
和室6畳
バルコニー
07年の転落事故は、この窓で起こった。06年と01年の事故も類似の間取りを持つ住戸にある北側の腰窓で発生した
ステンレス製手すり
窓
1,100
900
500
ベッド
07年の事故はベッドの上に乗った幼児が転落防止用手すりをくぐるか、登るかして発生

左ページも宇都宮市の資料を基に作成

限られていた。

腰窓の横はその限られた選択肢の1つだった。転落防止用に設けた2本の手すりも、ベッドのような踏み台があれば足掛かりになってしまう。設計段階でより注意深く検討していれば、間取りや腰窓部分の転落防止策などは、異なっていたかもしれない。

市は事故後、山王市営住宅にあるすべての腰窓667カ所に対して、縦桟付きの高さ90センチメートルの窓用手すりを設置し始めた。設置費用は2095万円に達する。2008年3月末までに取り付けを終える方針で対策を進めている。

◉ 山王市営住宅の配置図

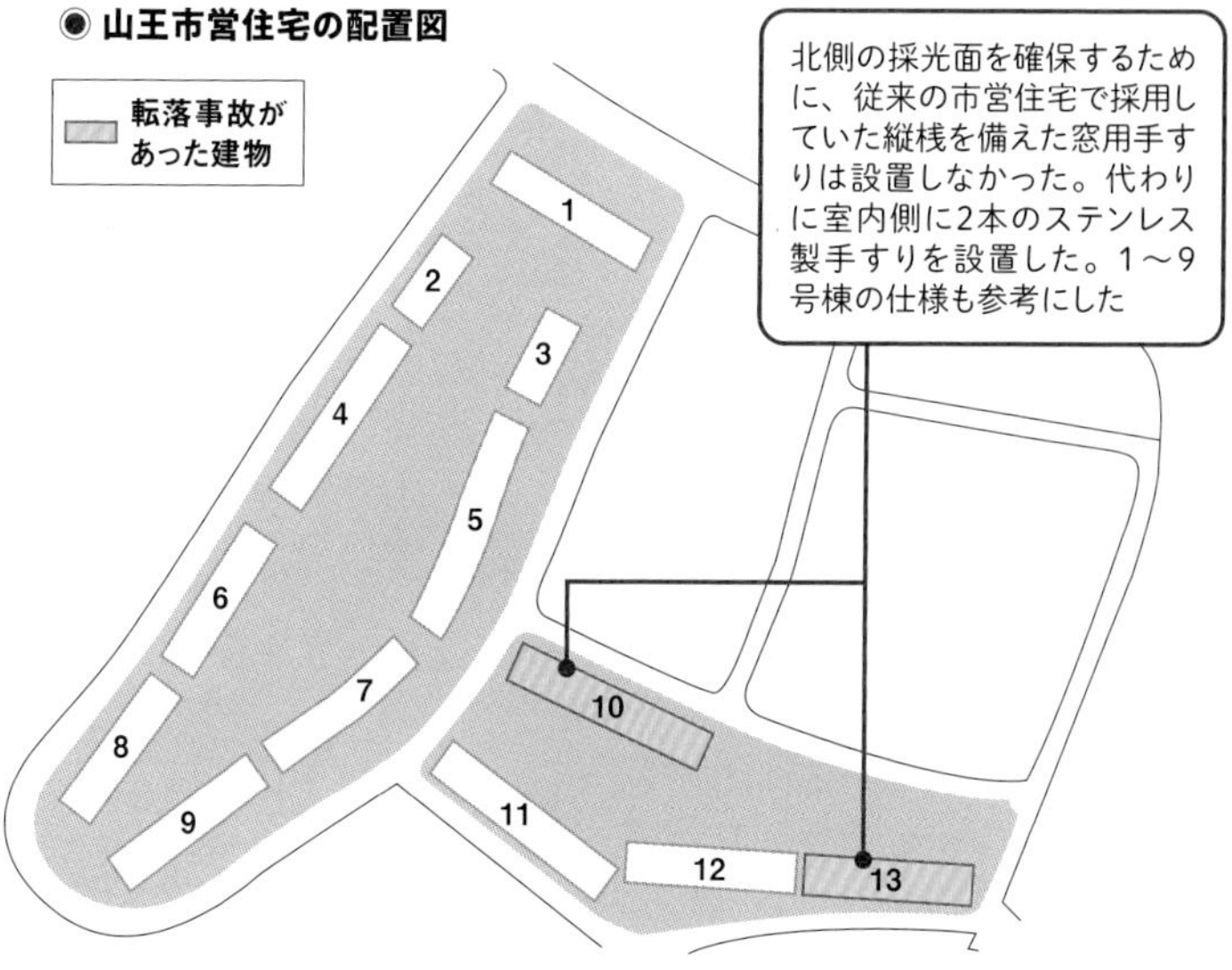
転落事故があった建物
北側の採光面を確保するために、従来の市営住宅で採用していた縦桟を備えた窓用手すりは設置しなかった。代わりに室内側に2本のステンレス製手すりを設置した。1～9号棟の仕様も参考にした
1
2
3
4
5
6
7
8
9
10
11
12
13

皆さんも使われているでしょう
現代の生活には必須ともいえるベッド

しかし、和室、
特に畳の上では
ベッドの脚の跡が残るので
使いにくい面がありますね
畳に跡が
ついちゃった
ではもう一度平面図を
見てみましょう

DKと近い和室Aはリビング的な使い方が想定されます
その結果、寝室として使われるのは和室Bか洋室となります
そしてベッドが置きやすいのは洋室
吹抜
物入
洋室
物入
押入
和室Ⓑ
バルコニー
2,700
物入
物入
物の出し入れのため斜線は空けておく必要がある。
出入りのため空けておく。
ベッド位置
3,300

DK
和室Ⓐ
バルコニー
1畳を0・9×1・8mとして5・5畳の洋室は8・91㎡仮に2・7×3・3mの平面として入り口・物入れの前の空間を空けておくとすると、必然的にベッドを置く場所は窓際に限られます
その結果、容易に窓を乗り越えやすくなり
転落事故につながってしまったのではないかと考えられます
落下場所が緑地で死亡事故に至らなかったのは幸いでしたね

⚠ 法令頼りの限界

腰窓の転落防止に対する安全基準は、建築基準法や同法施行令では明確に定められていない。同法施行令126条1項では、2階以上の階にあるバルコニーやこれに類するものの周囲には高さ1.1メートル以上の手すりなどを設けるよう規定する。

しかし、この規定は腰窓への適用を想定したものではない。腰壁の高さや腰窓における手すりの設置基準は建基法や同法施行令では網羅できていないのが実情だ。

しかも、同法施行令126条1項の規定はすべての建物を対象にしたものではない。例えば、一般的な2階建ての戸建て住宅は適用範囲外だ。法令だけを安全対策のよりどころにしている限り、腰窓からの転落事故を防ぐことは難しい。そのため、住宅性能表示制度における評価方法基準などを参考にしている設計者も少なくない。

独自の設計基準を設けている発注者も存在する。例えば神奈川県では、県が整備する施設に採用する設計基準を2000年度に作成。そのなかで学校施設における窓の仕様を定めて、窓台の高さなどを明記した。大手デベロッパーを中心に、集合住宅の窓で発生する転落事故の防止を図るための独自仕様を設ける例も珍しくない。

◉ 転落防止用の手すりに関する高さの主な基準

1 建築基準法施行令（126条1項）

屋上広場または2階以上の階にあるバルコニーその他これに類するものの周囲には、安全上必要な高さが1.1m以上の手すり壁、さくまたは金網を設けなければならない

2 住宅性能表示制度における評価方法の基準
（新築住宅の高齢者等配慮対策等級（専用部分）の2—5に該当）

バルコニー	(i)	腰壁その他足掛かりとなる恐れのある部分（以下「腰壁など」という）の高さが650mm以上1100mm未満の場合にあっては、床面から1100mm以上の高さに達するように設けられていること
	(ii)	腰壁などの高さが300mm以上650mm未満の場合にあっては、腰壁などから800mm以上の高さに達するように設けられていること
	(iii)	腰壁などの高さが300mm未満の場合にあっては、床面から1100mm以上の高さに達するように設けられていること
2階以上の窓	(i)	窓台その他足掛かりとなる恐れのある部分（以下「窓台など」という）の高さが650mm以上800mm未満の場合にあっては、床面から800mm（3階以上の窓にあっては1100mm）以上の高さに達するように設けられていること
	(ii)	窓台などの高さが300mm以上650mm未満の場合にあっては、窓台などから800mm以上の高さに達するように設けられていること
	(iii)	窓台などの高さが300mm未満の場合にあっては、床面から1100mm以上の高さに達するように設けられていること
手すり子の間隔		転落防止のための手すりの手すり子で床面（階段にあっては踏面の先端）および腰壁など、または窓台など（腰壁など、または窓台などの高さが650mm未満の場合に限る）からの高さが800mm以内の部分に存するものの相互の間隔が、内法寸法で110mm以下であること

3 文部科学省による小学校と中学校の施設整備指針
（文中のカッコ内は中学校の指針での表記）

墜落の恐れのある窓は、腰壁の高さを適切に設定し、窓下には足掛かりとなるものを設置しないことが重要である。また、児童（生徒）の墜落防止などのため、窓面に手すりを安全な高さに設けること開口幅の制限を検討することまたは同等の安全性を確保することが重要である。手すりの設置の際には、新たな危険箇所とならないようにすることが重要である

4 神奈川県営繕計画課が「設計の留意事項」で定める学校建築の設計基準

開口できる窓台は原則として高さ1.2m以上とし、ガラス面の大きなものは中骨などを入れること。ただし、着席時の視線高さを考慮して窓の腰高を0.9m程度とする場合は、転落防止用の手すりを設けるなど安全面に特に配慮すること

基準の一部を抜粋した

採光や通風、防犯など窓には転落防止以外の機能も数多く求められる。1つの基準だけで多様な要求を満足できる部位ではない。それだけに、基準や過去の設計例だけに依存するのではなく、利用者や使い方、その効用を自ら考え抜く姿勢が、設計者には求められる。

（注）日経アーキテクチュア2008年2月25日号の記事「相次いで人が落ちる窓」を再構成。登場する組織、肩書きなどは取材当時のもの

窓は一番危険な場所と思え

前述したように、2008年に執筆した記事の掲載後も窓から子どもが転落する事故は後を絶たない。各種メディアで大きく取り上げられた名古屋市内で幼児2人が窓から転落して亡くなった2023年3月の事故を、繰り返される事故への「最後の警告」と受け止めなければならない。

一方、既に指摘したように、腰窓からの転落防止を考慮した安全基準は今も法令では規定されていない。

近年増加している共働き世帯では、親が在宅で仕事をこなしていたり、仕事で留守にし

ていたりして、子どもに目が行き届かない時間が長くなりがちだ。大人が見ていない状態でも安全を確保しやすい住環境が一段と重要になっている。

100ページから101ページのイラストで示したように、建築設計者にとっては、設計時点で部屋の使い方も深く検討し、形式的な対策では防ぎきれないリスクを洗い出しておく姿勢が一段と重要になってくる。

国は高齢者や子育て世帯といった多様な世帯が暮らしやすい住宅を確保するための、「スマートウェルネス住宅等推進事業」を2023年度も継続。同年度予算には183億円を計上している。

この施策の中に、「子育て支援型共同住宅推進事業」が位置付けられている。住宅内の事故防止のための取り組みを支援する事業だ。転落を防止するための手すりの設置もここに含まれる。改修時の支援を受ける際に、転落防止の手すりなどの設置は必須項目となっており、安全対策として重視されている項目だと分かる。

住宅からの転落は開口部で発生するケースが多い。東京消防庁が2017年から2021年までの5年間で開口部などから落ちて救急搬送に至った件数を集計したところ、全体の7割以上が窓からの事故だった。

◉ 子育て支援型共同住宅推進事業での補助対象

目的		取り組み事項（補助対象）
視点	配慮テーマ	
住宅内での事故防止	衝突による事故を防止する	造りつけ家具の出隅などの衝突事故防止工事（面取り加工）
		ドアストッパーまたはドアクローザーの設置
	転倒による事故を防止する	転倒による事故防止工事（洗面・脱衣室の床はクッション床）
		人感センサー付き玄関照明設置
		足元灯などの設置
	転落による事故を防止する（バルコニー・窓などからの転落防止）	転落防止の手すりなどの設置
	ドアや窓での指詰め・指はさみを防止する	ドアや扉へ指詰め防止工事
	危険な場所への進入や閉じ込みを防止する	子どもの進入や閉じ込み防止のための鍵の設置
		チャイルドフェンスなどの設置
	感電ややけどを防止する	シャッター付きコンセントなどの設置
		やけど防止用カバー付き水栓、サーモスタット式水栓などの設置
		チャイルドロックや立ち消え安全装置などが付いた調理器の設置
子どもの様子の見守り	子どもの様子を把握しやすい間取りとする	対面形式のキッチンの設置
		子どもを見守れる間取りへの工事（キッチンに面したリビング）
不審者の侵入防止	不審者の侵入を防止する	防犯性の高い玄関ドアなどの設置
		防犯フィルム、防犯ガラス、面格子などの設置
		防犯カメラ設置（録画機能のあるカメラ付きインターホン設置を含む）
災害への備え	災害時の避難経路の安全を確保する	家具の転倒防止措置のための下地処理工事
		避難動線確保工事

賃貸住宅建設型の事業は上記全項目の実施が必要、賃貸住宅改修型または分譲マンション改修型の場合は上記の赤字項目が必須となる。国土交通省の資料を基に作成

窓からの転落事故は住宅だけでなく、学校でも繰り返されてきた。消費者安全調査委員会は2023年3月、「学校の施設又は設備による事故等」と題する報告書を公表した。そして、この中で、窓際の設置物による転落リスクとその対策を急いで講じる必要性を説いている。

100ページから101ページのイラストで紹介したように、集合住宅において、限られた面積という条件下で居室の数を重視して間取りを組むと、入り口などとの関係でどうしてもベッドを窓の近くに配置せざるを得なくなるケースが増える。ベッドに限らず、棚をはじめとした家具を置ける場所が窓の近くになってしまう状況は少なくないだろう。利用者や居住者の属性や空間の余裕などを十分に考慮しながら、窓における転落防止対策の必要性を検討することが欠かせない。

考え抜いて整備したハードであっても事故防止の対策には限界がある。小さな子どもを持つ親などが窓回りのリスクと安全対策をしっかりと認識・検討できるように、不動産や建築の専門家が居室の使い方を居住者や利用者に対してしっかり伝えていく取り組みも忘れてはならない。

窓からの転落が学校で続出

窓から転落する事故の被害者は幼児だけではない。実は学校に通う児童や生徒も、同種の事故で亡くなっている。その数は学校で起こる不審者犯罪で死亡する人よりも多い。以下に示すのは、今から15年ほど前に学校の窓からの転落事故が多発している事実とその要因を取材し、事故の要因を掘り下げた記事だ。事故防止という観点では、まだ参考になる部分も多い。

なぜ千葉の高校で転落が多発したのか

千葉県立船橋芝山高校の1年生の男子生徒が２００７年5月31日、校舎4階の腰窓から転落。全身を強打して間もなく死亡した。腰窓の外側にある庇に落ちた南京錠を拾うために腰窓から庇に出ようとして、誤って落ちたとみられている。

同校で事故後に教室内に設けた転落防止用のステンレス製手すり。3階と4階にある普通教室16室に設置した。設置費は189万円

転落事故があった船橋芝山高校の教室内から見た庇。同校では「事故発生前から職員による監視や指導に力を注いでいたものの、事故に至ってしまった」(同校教頭の平山弘之氏)

同校の校舎。校舎の左側に見えるのが教室側の腰窓部分に設けられた庇
(写真:3点とも日経アーキテクチュア)

◉ 腰窓周辺の断面概要図

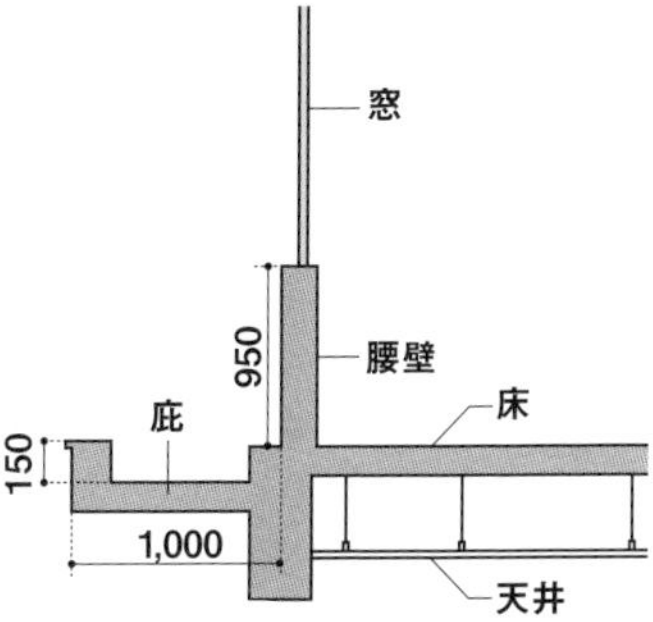

船橋芝山高校の腰窓回りを簡易に表現した。千葉県内の県立高校の校舎にはこれと似た断面が多い

事故が起こった腰窓は、腰壁の高さが95センチメートル。窓の外側には幅1メートルの庇がある。腰窓部は建築基準法や同法施行令で手すりの設置を明確に規定していない。そのため、手すりは設置していなかった。

事故を受けて、千葉県市民オンブズマン連絡会議は過去に同県内の県立高校で起こった転落事故の調査を実施した。新聞記事や情報公開請求で得た資料などを基にして進めたものだ。

◉ 2002年以降に千葉の県立高校で庇に出るなどして起こった転落事故

事故発生日	転落した階数	事故の概要
2002年5月30日	4階	施錠された教室に置き忘れたものを取るために、ほかの教室から庇を伝って移動しようとした生徒が、窓枠から出た際にバランスを崩して転落
04年6月28日	4階	休み時間中に庇に落とした定期入れを拾おうとしてバランスを崩して転落
7月16日	3階	大掃除の点検などを目的に教師が庇に下りた後、それに続こうとした生徒が窓枠に片足を引っ掛けて転落
9月30日	3階	昼休み時間中、庇に隠した友人の袋を取ろうと庇に出た際にバランスを崩して転落
05年6月28日	4階	放課後にふざけて庇に隠れようとした際に、窓枠に足を引っかけて転落。生徒は翌年9月、腎臓の損傷による尿毒症で死亡
9月8日	5階	午後6時20分ごろに庇から転落して死亡。新聞報道などによれば文化祭の準備中に転落
06年6月28日	3階	庇に落ちたうちわを清掃中に拾おうと、窓の桟を飛び越えようとした際に転落
07年1月24日	2階	施錠された教室に置き忘れた物を取るために、庇を伝って移動しようとして転落
5月31日	4階	庇に落ちた南京錠を取る際にバランスを崩して転落。転落した生徒は、転落後間もなく死亡

赤地は生徒が死亡した事故。千葉県市民オンブズマン連絡会議の調査結果などを基に作成

その結果、腰窓から庇に出たり、庇に出ようとしたりして生徒が転落した事故が、1991年から2007年の17年間に少なくとも26件発生していた。

効率の追求がもたらしたリスク

腰窓からの転落事故が起こった校舎に着目すると、船橋芝山高校と同じように腰壁の高さと庇の幅が、それぞれ1メートル前後の建物が目立つ。千葉県の県立高校には庇を持つ校舎が多い。県立高校全134校中、普通教室のある校舎で腰窓の外側に庇を設けている学校は87校に達する。

そのうち、庇の幅が1メートル以上、腰壁の高さが1メートル以下という2つの条件を満たす学校は51校ある。船橋芝山高校を含めてこれらの学校の約7割は1975年から1985年に新設された。

建設から20年から30年を経過しているので、庇を設けた理由や寸法を決定した経緯は定かでない。そのうえで、「庇を設けない方が建築コストは安くなる。それでも庇を付けた。日差しや雨を遮る効果を重視したのだろう」と、県教育庁財務施設課施設室長の堀田弘文氏は推測する。

そして、似たような庇を持つ校舎が県内に数多く建設された背景を、堀田氏はこう振り返る。「設計効率を追求した結果だと思う。1970年以降、生徒の急増に合わせて短期間で数多くの高校の建設を迫られた。当時は、県が実施設計を委託した設計事務所にモデルとなる設計例を示し、それぞれの設計事務所がその設計例を参考にしながら敷地形状に当てはめるなどして設計していた」。

県立高校で発生した転落事故について調査を進めてきた千葉県市民オンブズマン連絡会議幹事の柳沢孝平氏は、事故が起こった学校には建物自体に問題があると訴える。「腰壁が低く、庇の高さが床面の高さとほぼ同じなので、腰壁を乗り越えやすい。加えて庇の幅が大きく、真下があまり見えないので、高さを感じにくい。庇に出るのは容易だと生徒に思わせる要素があった」。

近隣都県に比べて事故が多発

転落防止のためのハード整備を図るには相応のコストを要する。千葉県内で庇を持つ県立高校の3階以上の全普通教室に手すりを設置すれば、約7000万円を要する見込みだ。法令を満たしている部分に費用を投じて改修するという考えには、異論が出るかもしれない。しかも、施設利用の中核となる高校生であれば一定の分別を期待できる。

そのため、県教育庁財務施設課の堀田氏は「基本的には指導によって事故防止を図ることが重要だ」と考える。それでも、「類似の転落事故が繰り返されている点は軽視できない」と、千葉県市民オンブズマン連絡会議の幹事である柳沢氏は強調する。同連絡会議が情報公開請求などを使って実施した調査では、近隣の都県の高校における転落事故が千葉県に比べて少ない傾向も浮き彫りになったからだ。

例えば、東京都立高校では、2002年4月から2007年3月までの5年間に窓から庇に出ようとして起こった転落事故は報告されていない。都立高校では、窓側から張り出した庇を設けていない学校が多く、庇がある校舎でもその長さは50センチメートル前後だという。さらに、「大半の学校の腰窓には、床から1・1メートルから1・2メートルの高さに手すりを設置している」(都建築保全部施設整備第二課長の高田茂氏)。

千葉県は、転落事故の問題が県議会などでも取り上げられたことを踏まえ、対策を検討中だ。2008年度から計画的に腰窓への手すり設置を進めることも視野に入れている。

◉ 学校の窓からの転落による死亡事故

事故発生年度	学年	発生時間	窓の場所	階数（高さ）	転落の状況	手すりの有無
1991	中2男	放課後	教室	2階	安全手すりに登り、誤って転落	●
92	高3男	休憩	教室	9m	窓枠に腰掛けていて誤って転落	
93	中3男	清掃	廊下	4階（12m）	危険防止の鉄棒を乗り越えベランダに渡ろうとして転落	●
	中1女	放課後	教室		窓の手すりに腰掛けていて転落	●
	小4男	休憩	教室	4階（12m）	転落防止用手すりに腰掛けていて転落	●
94	高3女	放課後	廊下	3階	ぜんそくの発作が出た状態で廊下の窓から転落	
	小5女	放課後	教室	3階（9m）	開いていた窓に手を付こうとして転落	
	小5男	清掃	教室	1.5m	桟に乗り窓を拭いていた際に転落	
95	中3男	休憩	教室	12.5m	窓際の傘立てに乗っていてバランスを崩し転落	
	小5男	休憩	教室		窓枠に乗っていて足を滑らせて転落	
	小4男	休憩	廊下	4階	廊下の窓から転落	
97	高2女	放課後	廊下	3階	廊下の窓に腰掛けていて転落	
	中1女	休憩	廊下	3階（8.5m）	廊下の窓から転落	
	高1男	授業	教室	12m	いすの上に立ち上がった際に誤って転落	
98	高1男	放課後	教室	5階	校舎5階から転落。詳細は不明	
	小3女	清掃	教室	3階（9m）	転落防止用パイプに腰を掛けて窓を拭いていた際に転落	●
	中1女	放課後	体育館	2階	2階の暗幕に隠れていた際に誤って転落	
99または2000	小1男	授業	教室	3階	窓枠の上をガラス伝いに渡っていて転落	
	中3男	授業	廊下	12.3m	窓枠の上に乗り、バランスを崩して転落	
01	中1男	清掃	体育館	2階（5.3m）	開いていた窓にもたれようとして転落	
04	小6男	休憩	教室	4階	転落防止用の手すりの上に乗り、足を滑らせて転落	●
	小2男	授業	教室	3階	窓枠にまたがったところバランスを崩して転落	

愛知教育大学の内田良講師が、日本スポーツ振興センターのまとめた「学校の管理下の死亡・障害事例と事故防止の留意点」などを基に集計したデータを使って作成。1991～2004年度に起きた窓からの転落事故のうち、庇に乗るような危険な行為が原因の事故を除く。手すりの有無の●印は、手すりがあったと推定されるもの

県が検討している手すりの設置は、腰窓からの転落事故の防止に一定の効果をもたらすだろう。しかし、腰窓からの転落事故を分析すると、手すりが万全の対策とは言い難い面も浮かび上がる。

学校施設での転落事故について調査した愛知教育大学講師の内田良氏は、次のように解説する。「小学校や中学校、高校などで、不慮の転落事故によって死亡した生徒は1983年度から2004年度までの22年間で62人に達する。なかには、安全を確保するために設けた手すりが、事故を招く一因になった例もある」。

（注）日経アーキテクチュア2008年2月25日号の記事「相次いで人が落ちる窓」を再構成。登場する組織、肩書きなどは取材当時のもの

アパホテルの責任問う判決も

学校における転落事故防止のための取り組みは、これまでにも文部科学省が注意を促すなど、事故が起こるたびに繰り返されてきた。それでもまだ、開口部から子どもが転落してしまうという取り返しのつかない事故は続いている。

筆者が日本スポーツ振興センターの公表する学校等事故事例検索データベースを基に、開口部からの転落件数を独自に調べたところ、2019年度から2020年度の2年間に児童や生徒が窓から転落して死亡したりけがをしたりした事象は、少なくとも3件報告されていた。

なかには、カーテンがかかっていて、窓辺に座って友人と話している際に、窓が開いていることに気づかないまま寄りかかろうとして転落、死亡するといった事例もあった。先にあるリスクが見えなくなることが、大きな事故を招くという典型例だ。

このような先が見えないリスクについては、本書の次のパートでも、事例とともに解説することにする。

千葉の県立高校のケースにように、成長した青年や大人が簡単に乗り越えられる腰窓の外側へ人が立てる空間を設ける際には、相当な注意が必要だ。それを分かりやすく証

◉ **学校で発生した近年の転落事故**

年	学年	発生時間	場所	階数	転落の状況
2019年	中2	休憩	教室	3階	カーテンがかかった窓辺に座って友人と話していた際に、窓が開いていることに気づかず寄りかかって転落。数カ月後に死亡
20年	高2	休憩	廊下	4階	教室前の廊下の窓から転落
	中3	休憩	廊下	3階	水飲み場の窓から転落して両下肢に対麻痺

日本スポーツ振興センターが公表する災害共済給付の対象となった障害・死亡事例のデータに基づいて集計。開口部からの転落と断定できないケースを除く

明するのが2023年に出たばかりの判例だろう。

アパホテルが、高層建築物において一時的に避難できる場所を求める大阪市の基準に沿って腰窓の外にバルコニーを設けていたところ、宿泊客がここに出た後に転落、死亡する事故が2019年7月に起こった。

遺族はバルコニーの手すり高さが低かったと主張し、損害賠償を求めてアパホテルを提訴。東京地方裁判所は2023年2月、アパホテルの責任を認め、約1780万円の損害賠償を命じる判決を下した。同社は控訴の方針を示した。

一時避難用の施設とはいえ、事故が起こった箇所はバルコニーであり、高さ72センチメートルの金属柵では安全対策が不十分で、高さ1・1メートル以上の手すりなどを求める建築基準法施行令126条1項に違反していると裁判所は判断したのだ。

◉ バルコニー周辺の断面概要

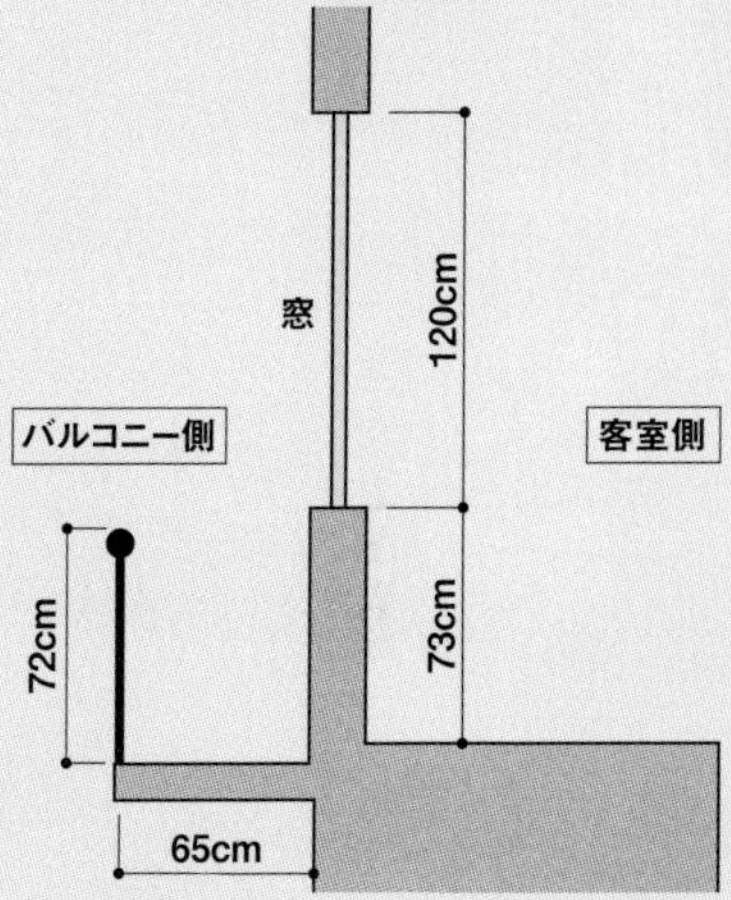
窓
120cm
バルコニー側
客室側
72cm
73cm
65cm

客室の窓付近の断面イメージ。客室床から高さ73cmの位置に幅77cm、高さ120cmの窓が設置されている。判決文を基に作成

第5話

水平開口部からの転落

上に乗れる「見えない」窓が危ない

通常、開口部は垂直面に配置する。だが、より効果的に採光する狙いを込めて、水平面や斜めに開口部を設けるケースは少なくない。天窓などが代表的な事例だ。これは採光などの観点で見れば効果的な方法といえるものの、安全の観点からはは大きな問題を引き起こすリスクをはらむ。

不用意に配置した天窓に人が載ってしまい、転落事故に至った事例は、これまでに数多く発生している

このパートで扱う題材は、水平や斜めに配した「見えない」窓が招いてしまう事故だ。意匠を優先して開口部の存在を分かりにくくしたり、採光面での効率や効果を優先して垂直面以外で安易に採用してしまったりすると、大きな事故を招きかねないということを解説する。

まずは見えない開口部に潜むリスクを浮き彫りにした事故を筆者が取材した以下の事例からひもといていくことにしよう。

その透明感を利用して採光や眺望を得たり、サッシの開口部として通風を得たり、非常に便利な素材です
建築には欠かせない材料、ガラス

壁面の開口部として
高層ビルのようにガラスをカーテンウオールとして使うことも
壁のように垂直面で使うケースが多いガラス
ですが、違う使い方をする場合、注意が要ります

割れるガラスをアルミに変更

「換気窓の管理方法に問題があったことが、本件事故の最大の原因である」「窓の設置状況という構造自体が危険であり問題であったとは言えない」。これは、岩手県遠野市の市民センター体育館で、男児が窓から転落した事故の報告書に示された判断だ。

同市が2010年4月に設けた事故調査委員会（委員長：亀山元弁護士）が同年6月末にまとめ、同年7月9日に本田敏秋市長に報告した。報告書は同月16日に明らかになったものだ。

事故は2009年12月26日午後5時10分ごろに発生した。小学校6年生の男児が市民センター体育館・体育ホールの西側にある換気用のアルミ窓によじ登っていたところ、サッシにはめたアルミ板が外れ、男児が地上約6メートルの高さから転落した。男児は頭を強打し、2010年2月に息を引き取った。

市民センター体育館は1974年に完成した施設で、設計・監理を石本建築事務所、施工を遠野建設共同企業体が担った。換気窓は体育館の床面から1・3メートルほどの高さにあり、床面と43度の角度を成して外に張り出すように設置していた。

窓はもともと、厚さ5ミリメートルのガラス仕様だった。ところが、バスケットボールが当たるなどしてガラスはたびたび割れ、破片が外側の駐車場に飛び散った。そのうえガラスは重く、換気用開閉器に不具合を生じさせる問題もあった。体育館の利用時に日光が入って競技に支障が出るという苦情も寄せられていた。

施設を設計した石本建築事務所は「報告書の記載の通り」だと説明し、取材には応じなかった。そのため、当初の設計段階で開口部のリスクをどのように見積もっていたのかは不明だ。

ガラス窓に対する事故やクレームへの対応を迫られた市は、2005年に換気窓の仕様

児童が転落した開口部を駐車場側から見たところ

転落事故が発生した遠野市民センター体育館・体育ホールの開口部。斜めに張り出した部分に窓がある。事故直後にアルミ窓の上を養生している状況(写真:左も遠野市)

をアルミ板に変更した。この改修方針は市が決定。石本建築事務所は関与していない。

アルミ板は、接着剤によるコーキングを介してサッシに差し込む構造で、ネジなどで固定していなかった。大きさ1・06メートル×1・757メートル、厚さ3ミリメートルだ。今回の事故が発生するまで、アルミ板が外れた事例はないという。

このアルミ板については、危険なので上に乗らないよう注意書きを施していた。しかし、事故当時はアルミ板の上を黒いラシャ紙で覆っていた。照明が反射するといったクレームに対応したからだ。注意書きは見えなくなっていた。

建築基準法には反していない

事故調査委員会では、当初の開口部の設計や2005年の窓の仕様変更に問題はなかったとみた。

窓の設置状況に構造面で問題はなかったと判断した理由として、外に張り出した窓の位置は採光に効果的だった点や、当初のガラス仕様は上に乗れば割れそうだと想像しやすかった点を列挙した。

さらに、事故調査委員会の委員を務めた岩手県建築士会遠野支部の三松光三副支部長は、次のように説明した。「建築基準法などに違反していないので、報告書で当初の設計に問題があるとまでは言えなかった」。

ガラスからアルミへの開口部の仕様変更についても、変更自体が問題だとは言えないとした。注意などで対応できると分析し、人が乗ることを前提とした設計でない以上、強度の弱さは責められないとみたのだ。

建物の安全性などの研究を手掛けてきた大阪工業大学の吉村英祐教授は、事故調査委員会の報告書を踏まえて、管理に

◉ 柱と窓の間に人が入れる空間

［平面図］

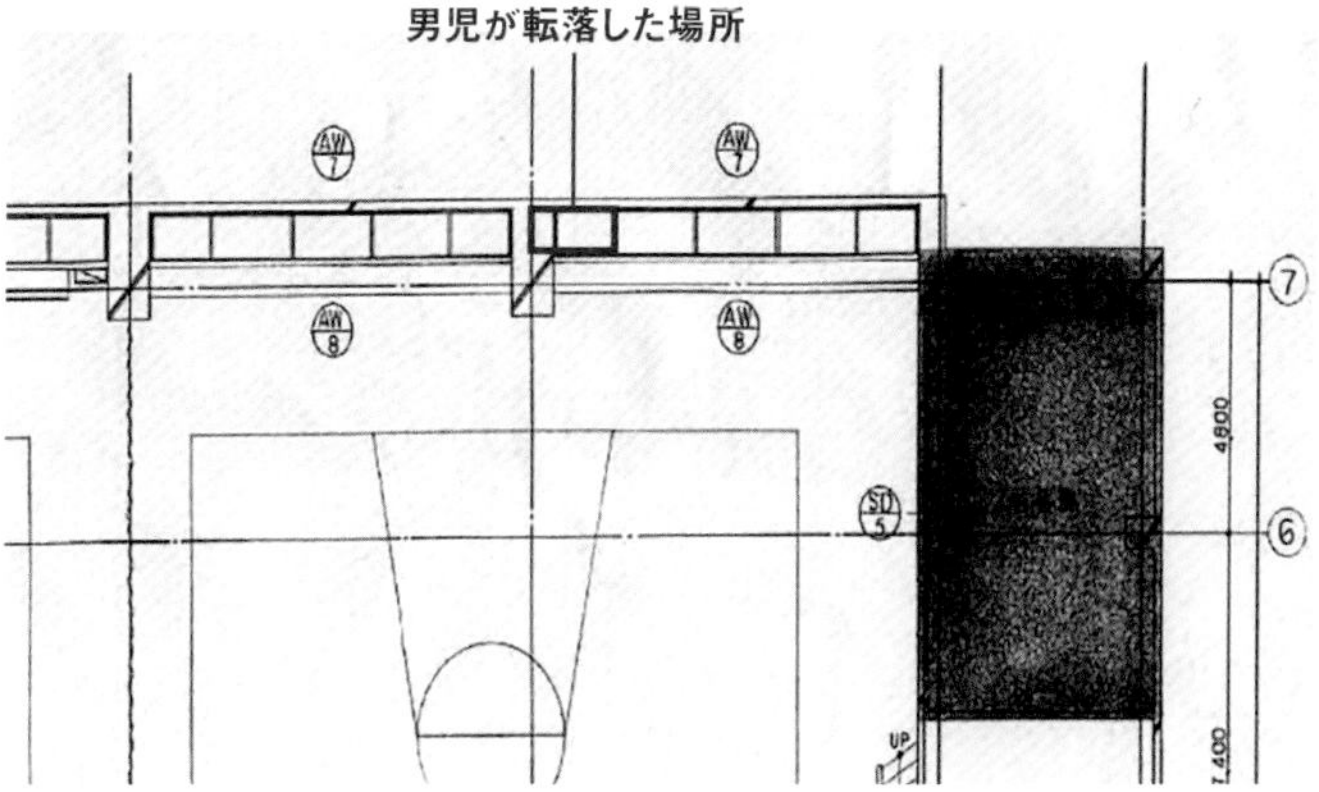

男児が転落した開口部の一部は柱の背面に位置する格好だった。柱と窓の間に人が入って遊んでいたという証言もあった（資料：遠野市）

問題があったと考える。

加えて設計面では「着工当時、現在ほど日常災害に対する意識が高くなかった」と吉村教授は言う。ただ、「今の設計となれば話は別。設計者が設計段階で十分に危険性を予見すべきものだ」（吉村教授）と、くぎを刺す。

このコメントを踏まえると、2005年の市民センター体育館の改修時点における施設の安全性に対する検討の甘さが浮かび上がってくる。例えば、開いた窓に近づいたり、窓に力を加えたりすることで生じる転落リスクへの備えだ。

窓は子どもが容易に上がることのできるベンチ状の部分から84センチメートルの高さに存在した。窓に乗るつもりがなくても、このベンチに上がった子どもがバランスを崩して窓に寄り掛かるようなことは十分にあり得た。

しかも、改修したアルミ板には注意書きを施しており、市側には転落の危険性に対する認識があった。窓の設置位置などについて安全性を十分に検証していれば、2009年12月の事故後の2010年2月に実施した転落防止柵の設置といった対策が、改修時点で可能だったかもしれない。

事故調査委員会の委員を務めた岩手県建築士会遠野支部の三松副支部長は、「下部を見

◉ 突き出した窓は地上6mの高所に

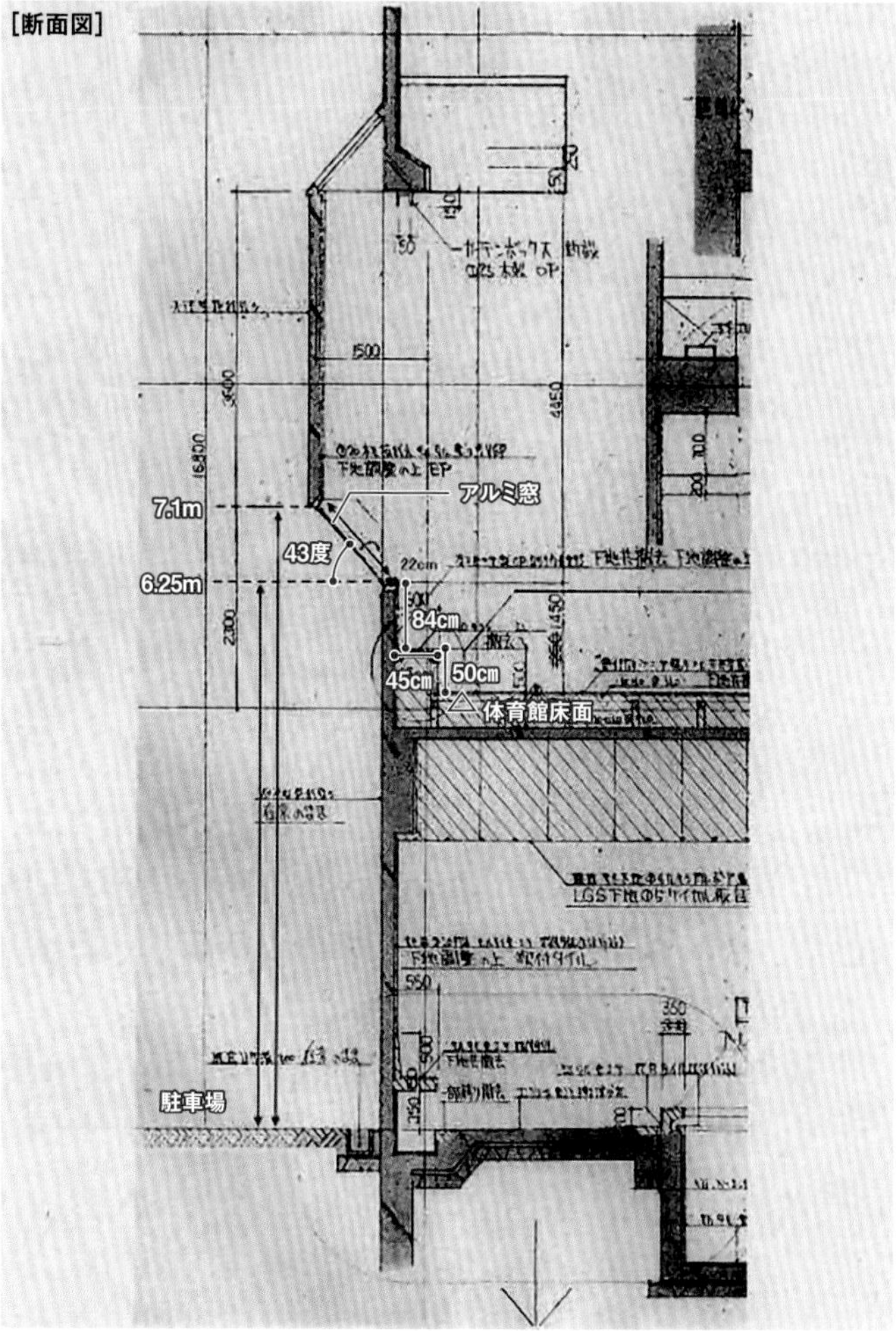

男児が転落した窓の位置は、地上から約6mの高さにあった。室内側から見ると、壁際にある高さ50cmの腰掛けを上ると、窓面下端までの高さは84cmだった（資料:遠野市）

通せなくなった仕様への変更は配慮が足らなかった」と補足する。窓が地上から高い位置にあるという現実が分からなくなり、子どもが窓に乗ることへの恐怖心を抱きにくくなったからだ。

見えないリスクは子どもに限ったものではない。2007年7月から指定管理者として施設を管理する遠野施設管理サービスへの聴取からは、上部まで手が届かないので、窓に寄りかかって掃除をしていたという証言も得られた。

安全設計の第三者確認を求める

事故調査委員会は報告書の中で、事故防止に向けた5項目の提言を示した。最初に掲げたのが、市や施設管理者による安全点検の実施だ。

利用者の身体に危害を加える事故が起こらないように、少なくとも1年に1回程度、安全性に主眼を置いた点検を実施するよう求めた。通常の保守点検とは別に実施すべきだとも言及している。

そして、子どもが利用する体育館や公営住宅、児童館などについては、子どもの行動特性を踏まえながら、積極的にリスクを予想するよう指摘。点検も入念に行うよう迫った。点検時には、市の職員以外で子どもの行動特性を知る識者などからも意見を聞くよう提案した。

続いて事故調査委員会が提案したのは、施設管理の徹底だ。市や施設管理者に対して、施設利用者への注意や指導を求めた。事故などの危険性がある部分については、事故防止の方策をすぐに講じるよう訴えた。

さらに、事故調査委員会は施設の設計プロセスの見直しを提言。具体的な方策として、設計を依頼した相手だけでなく、別の設計事務所にも安全性の点検を頼むような複眼的な仕組みの構築が望ましいと提案している。市総務課の谷地孝敏課長は、「市が新たに整備する施設が出てくれば検討したい」と話す。

4番目は教育委員会に寄せられた情報の共有だ。学校施設以外にも関連する情報を市のほかの施設管理者に伝えるよう求めた。

残りの1つは被災者が所属していたスポーツ少年団における子どもへの指導・監督の徹底だ。事故がこの団体の活動前に起こっていたことを受けたものだ。

（注）日経アーキテクチュア2010年8月9日号の記事「危険防止の改修が裏目に」を再構成。登場する組織、肩書などは取材当時のもの

事故の起こった遠野市民センター体育館の場合、ガラスを斜めに使っていました
足掛かりがあって、子どもでも十分にたどり着ける位置にあったことが災いしました
事故当時は黒いラシャ紙で覆っていた
地面まで6,250

事故前の改修でガラスから交換されていたアルミ板が、脱落してしまいました
劣化が進んでいた場合、サッシごと落ちていたかもしれません
サッシは人が乗ることまで想定していませんからね
あ!
設計者としては、「上がったら危ないことぐらい分かるだろう」という判断で、こうしたデザインを選んだのかもしれません
登れそう
ダメ!
登りたい
造形的に子どもの冒険心を誘うデザインとなっていたのかもしれませんね

⚠ 天窓に潜む転落リスクを理解する

見えない窓のリスクを象徴するのが、天窓からの落下事故だ。屋上などに設置した天窓に登った子どもが、天窓を突き破って転落し、死亡したり重傷を負ったりする事故は、過去に繰り返し発生している。これは、先の記事を掲載した時期だけでなく、近年も変わらない。

東京消防庁が2014年から2018年までの5年間に、天窓やガラス屋根からの転落事故で救急搬送された12歳以下の子どもの数を集計したところ、13人に達していた。

例えば、東京消防庁には以下のような事例が報告されている。「自宅マンションの屋上で採光窓の上に乗って遊んでいた際、ガラスが割れ、約3メートル下のベランダへ転落した」「マンション3階のガラス製の庇の上で遊んでいた際、足元のガラスが割れ、約3メートル下のベランダに落下した」「マンション屋上に設置されている天窓に腰掛けた際、プラスチックのカバーが割れ、天窓を突き破って約3・5メートル下の廊下に落下した」。

天窓からの転落事故の被害者となるのは、子どもだけではない。2021年10月には、下水道施設である江戸川第二終末処理場において、天窓付近の植栽管理作業を実施している際に、業務委託先の作業員が樹脂製トップライトを突き破って直下の水処理最終沈殿池に墜落。死亡する事故が起こっている。

天窓からの事故が相次ぐ背景として、2つの理由が考えられる。

1つは、天窓のデザインだ。採光用の天窓として、アクリル樹脂を用いたドーム状の製品は少なくない。この形状は、子どもに「乗ってみたい」「滑ってみたい」と思わせる。柵などで囲っていなければ、簡単にその欲求を満たせてしまうので、「つい天窓に登ってしまった」という行為に結び付いてしまうのだ。

もう1つは天窓の色だ。天窓でよく利用されるアクリル製ドームは、乳白色で不透

136ページへ↙

◉ 天窓やガラス屋根から転落して救急搬送された子どもの数

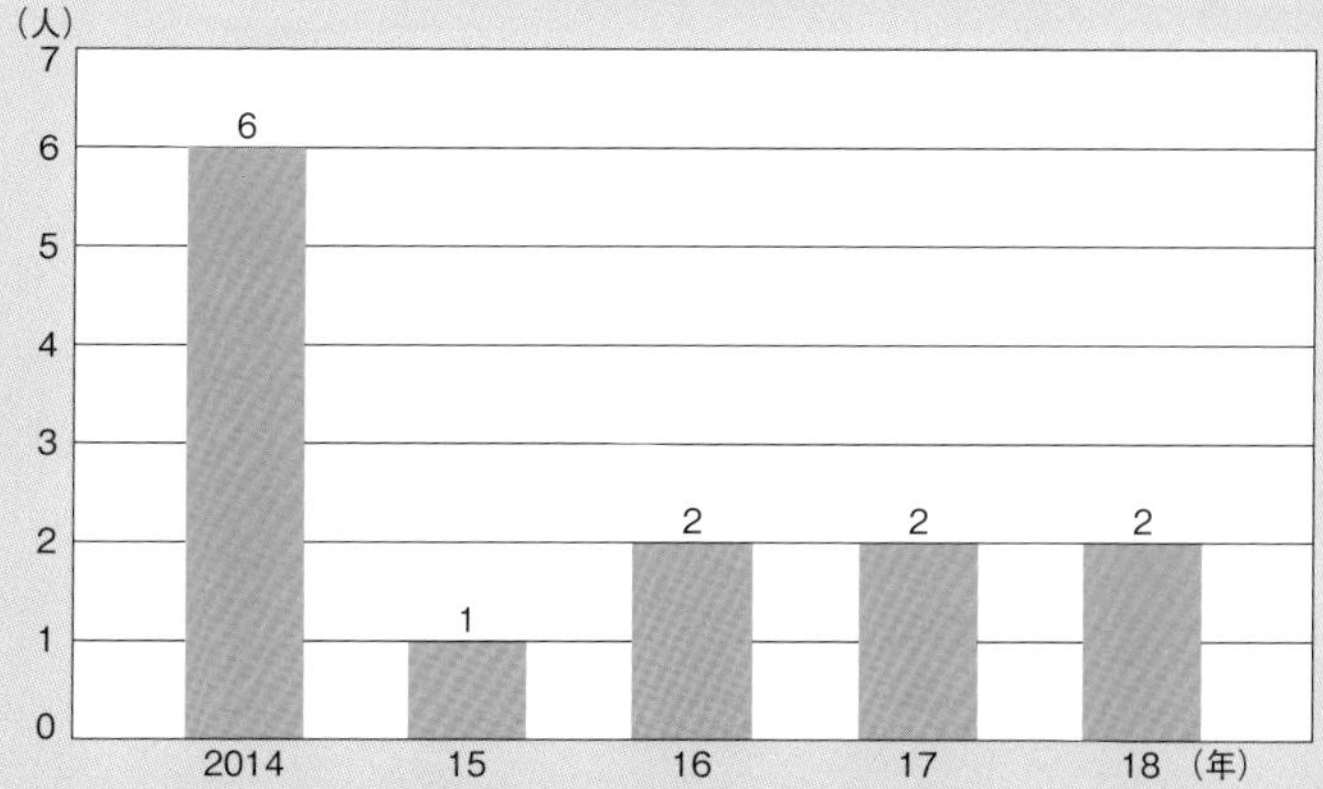

東京消防庁の管内で、2014年から18年までの5年間に天窓やガラス屋根からの転落で救急搬送された12歳以下の子どもの人数。東京消防庁の資料に基づき作成

ガラスのトップライト
アクリルドーム
ガラスの庇など
空間の快適性やデザイン性を高めるのに有効な方法でしょう
室内にいる分には、この上に乗ろうなんて思わないはずです
でも近くでこれらを見てしまうと・・・
わいわい
わいわい
「上にのぼれそう」「登ってみたい」という気持ちが湧き上がってくるのが人間なのかもしれません

ある種の「非日常的」な感覚が、安全に対する判断を鈍らせ
かなこすごい！
自らをさらしてしまうのかもしれません
角度を急に
対策として考えられるのは
「『登れない』と思える急角度にする」「目につかない場所に配置する」とか
「点検などを機械でできるようにする」といったことでしょうか

明の製品が多い。こうすることで、拡散光を取り込みやすくなり、利用者にとって室内の光環境がより快適になる。採光などを目的としてガラス屋根を採用する場合にすりガラスを採用するのも同様の理由だ。

ただ、屋外から天窓などに人が近づけるような場合、屋外側にいる人の視点に立ってリスクを見積もる姿勢が大切になる。乳白色のアクリル製ドームやすりガラスでは、その下の様子が見えにくくなって、リスクが隠れてしまうからだ。

加えて、屋外側から天窓に近づいている場合は、周囲の高さと比べた危険性を感じにくい。屋上などに配置している天窓であっても、天窓自体の高さは屋上の床面と比べてそれほど高い位置にあるわけではない。地下空間への採光のため地上に設置した天窓であれば、そのような錯覚が一段と起こりやすくなる。

外側から人が近づき得る空間か否かをよく考慮したうえで、防護フェンスを設置するなど適切な安全対策を講じる必要がある。

教訓生かせぬ管理者に賠償命じる

既に紹介したように、天窓やガラス屋根のリスクは下の様子がよく見えない点にある。以下では、そんな実情を象徴する事故を取材した記事を紹介する。静岡の県立高校で発生した転落事故だ。ガラス製の屋根から転落して大けがを負った生徒が、施設を管理する県に損害賠償を求めて提訴。東京高等裁判所が、県の賠償責任を認めた事例だ。同じ施設で事故が繰り返されていたにもかかわらず、十分な対策を講じていなかったと判断された。

同一の施設で繰り返し事故が発生していたという事実は、施設として致命的な欠陥を抱えていたことを意味する。さらには、過去の事故後の対策も不適切だったということだ。

被害者へ2000万円弱を支払え

ガラス製の屋根に上った生徒が転落して負傷した事故を巡り、施設を管理する静岡県の

責任を認める判決を、東京高裁が2010年10月28日に下した。静岡地方裁判所浜松支部が、被告の県に事故の被害者となった原告へ約1965万円を支払うよう命じた2010年3月15日の判決を支持。被害者側と県との双方の控訴を棄却した。

事故が起こったのは2002年5月18日の午前8時ごろ。県立浜松北高校で、当時同校の1年生だった生徒が校舎と体育館の間にあるピロティの屋根のガラスを割って転落。生徒は腰椎を折るなど大けがをした。

コンクリートの床面を持つピロティに架かる屋根の高さは、約4・7メートルだった。転落した生徒は、校舎西側に位置するピロティでテニスの壁打ちをしていた。雨で中止となったクラブ活動の代わりの自主的な練習だった。生徒はその際に跳ねたボールを見失い、ボールを探すために校舎2階にある地学教室に入室。同室の窓を開けて、そこから屋根に下りた。

窓は下端が床面から高さ約90センチメートルの位置にあり、その手前には高さ約75センチメートル、奥行き約75センチメートルの流し台が設けてあった。屋根の構造はH形鋼にアルミ材の枠を設置して、そこに大きさ800ミリメートル×1750ミリメートル、厚さ6・8ミリメートルのガラスを32枚張り詰めた仕様だった。

事故が起こったピロティのガラス屋根（写真：静岡県）

◉ 静岡県立浜松北高校の校舎の平面概要図

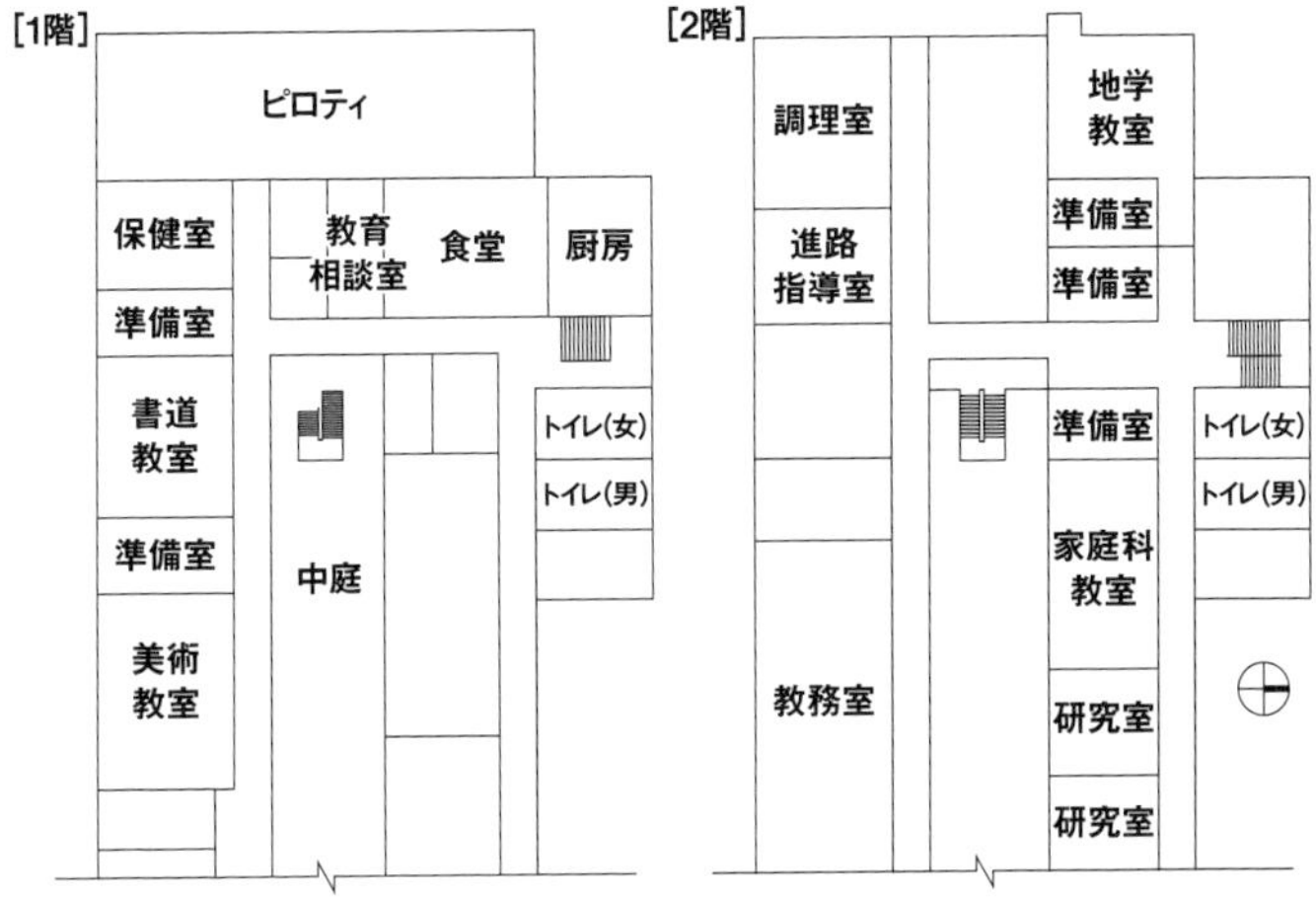

静岡県の資料に基づき作成

ガラスは人の体重を支えるだけの強度を考慮した製品ではなかった。この屋根は校舎が完成した翌年の1990年に、ピロティの雨よけとして設置した。校舎から屋根に通じる扉はなく、屋根に上るには、地学教室や調理室の窓などから出るほかない。屋根の位置は、地学教室の床面とほぼ同じ高さだった。

7割の過失相殺と判断

東京高裁が、県の責任を認めた地裁判決を支持した一因は、過去に同校で2度にわたって類似の事故が発生していたにもかかわらず、再発防止に向けた対応が不十分だった点にある。

最初の事故が発生したのは、1998年11月。しし座流星群を見ようとした2年生の生徒が、深夜に体育館通路の屋根から、ピロティ上部の屋根に上った。生徒はガラスを誤って踏み割り、地上に落下。片腕を骨折した。

2度目の事故は翌1999年11月に発生した。バレーボールを教室からピロティの屋根に落とした3年生の生徒が、ボールを取りに屋根の枠に下りたところ、足を踏み外してガラスを突き破ったのだ。生徒はとっさに枠につかまって落下を免れたものの、右足を負傷してしまった。

地裁判決では、2度目の事故後に再発防止策を講じるべきであったと言及。屋根の補強や立ち入り禁止の張り紙、新入生への周知といった対策を実行する義務があったと指摘していた。

高裁もこうした点を追認した。その上で、学校側が必要な注意義務を果たしていなかったと断じた。ただ、過失の度合いについては生徒側の非も認めている。事故に遭った生徒は高校生で、危険回避の判断力が相当あると期待できるとみなし、地裁判決通りの7割の過失相殺を認めた。

浜松北高校では2002年11月、事故のあったガラス屋根をアルミ亜鉛合金めっき鋼板とポリカーボネート板とに変更する改修を実施。地学教室など屋根に侵入できる場所には、「立入禁止」の表示を設けて、注意を促している。

（注）日経アーキテクチュア2010年11月22日号の記事「生徒転落で施設管理者に賠償命じる」を再構成。登場する組織、肩書きなどは取材当時のもの

第6話

挟まれ・ぶつかり

4年で500件超、子どもと高齢者が危ない

新型コロナウイルス騒ぎが沈静化して、人の動きはコロナ前の水準に回復している。これからは観光立国の推進などに伴って、旅行に出かける人が高い水準で推移すると考えられ、自宅や学校、オフィスといった普段の生活の場を離れて過ごす人たちが再び大きく増加していく可能性が高い。海外からの来訪者も一段と増えてくるだろう。

観光施設をはじめ、外出先の建物を訪れた際に、非常に高い確率で出くわす設備の1つが自動ドアだ。商業施設をはじめ、身近な施設で当たり前のように装備されている設備であり、生活者にとっても特段珍しい設備ではない。

今や当たり前のような存在となった自動ドアだが、実は建築物における事故の件数を押し上げる不名誉な立場にもある。報告されているだけでも、毎年100件以上の事故を起こしているからだ。

このパートでは、身近な自動ドアが凶器となる理由などを解説する。消費者庁が設けた調査委員会が大量の事故情報を基にまとめた調査結果などを踏まえ、背景を掘り下げた。

日々の生活の中で触れる機会が多い「自動ドア」
うぃ〜〜ん
手がふさがっているときなどは特に便利さを感じますね

骨折は60歳以上に集中

両手が塞がっていても通り抜けできる便利な設備であるものの、実は事故が数多く起こっている。こうした状況を受け、消費者安全調査委員会（以下、調査委員会）は２０２１年６月25日、自動ドアがもたらす事故について原因を調査した結果を報告書としてまとめた。

調査委員会が自動ドアを調査する契機となったのは、２０１８年６月に発生した事故だ。80歳代の女性が、店舗の入り口に設置してあった自動ドアにぶつかって転倒、大腿骨を骨折するけがを負った。先行して進む人に続いて通り抜けようとしたところ、閉まり始めたドアの端部にぶつかった。

◉ 自動ドアによる事故件数

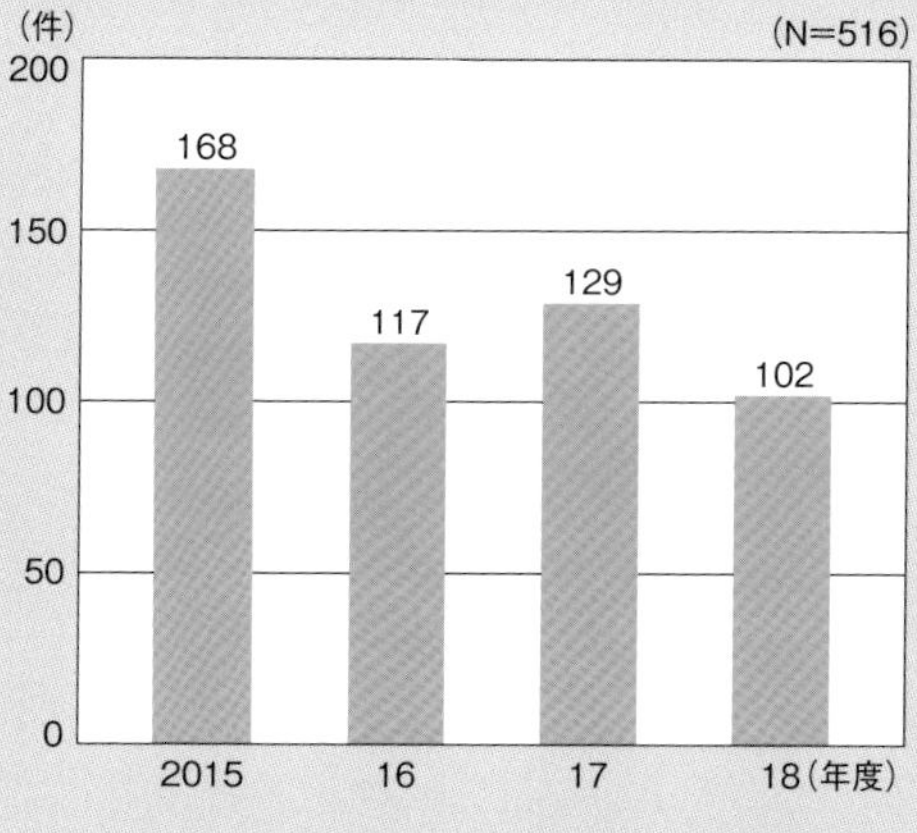

自動ドアによる事故件数の年度推移。全国自動ドア協会が収集した2015年度から18年度までの事故情報を用いて消費者安全調査委員会が集計した結果に基づいて作成。引き戸タイプの自動ドアによる事故を抽出している

全国自動ドア協会が収集した２０１５年度から２０１８年度まで４年間の事故情報のうち、引き戸タイプの自動ドアで起こった事案は合計５１６件に達していた。現在、自動ドアといえばこの引き戸タイプが主流となっていて、全国の自動ドアの９割以上を占める存在だ。

そこで調査委員会は、引き戸タイプでの事故に着目。事故要因などの分析を進めていった。事故を年齢別に分類すると、９歳以下の子どもと60歳代で数多く発生していた。さらに、骨折事故については、60歳以上の高齢者に集中している事実が判明

◉ 年齢別の自動ドアによる被災内容

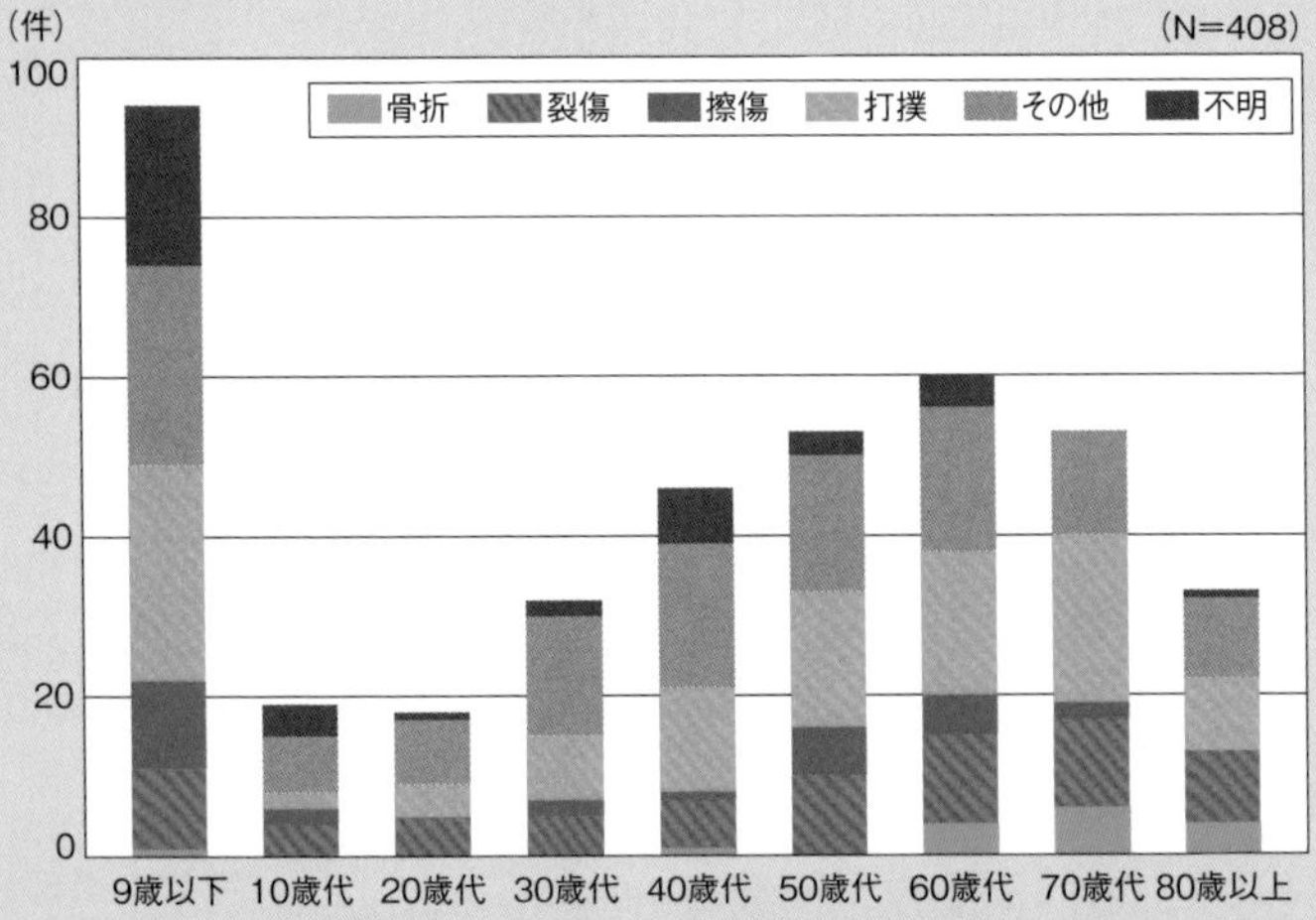

(件)
(N=408)
100
80
60
40
20
0
骨折
裂傷
擦傷
打撲
その他
不明
9歳以下
10歳代
20歳代
30歳代
40歳代
50歳代
60歳代
70歳代
80歳以上

年齢別の被災内容。2015年度から18年度にかけて確認された引き戸タイプの自動ドアによる事故516件のうち、年齢不明の案件を除いた408件を分類した結果。消費者安全調査委員会の資料に基づいて作成

◉ 建物用途別の自動ドアによる事故件数

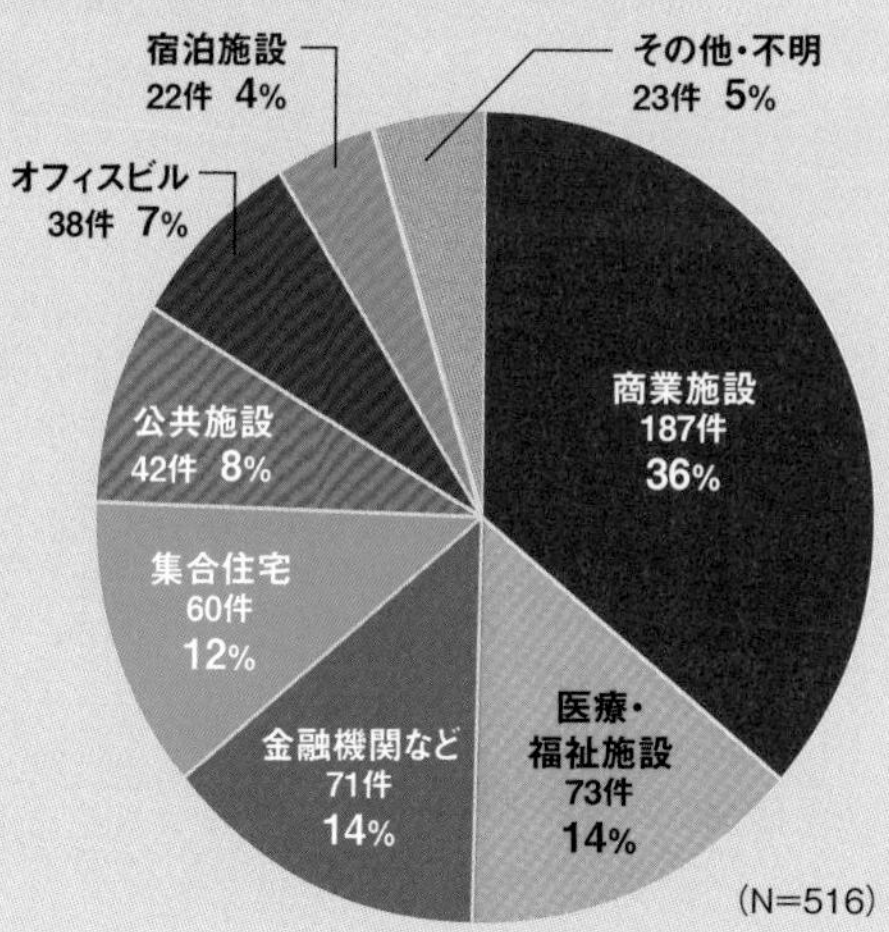
宿泊施設
22件 4%
その他・不明
23件 5%
オフィスビル
38件 7%
公共施設
42件 8%
商業施設
187件
36%
集合住宅
60件
12%
金融機関など
71件
14%
医療・
福祉施設
73件
14%
(N=516)

建物用途別の事故件数。全国自動ドア協会が収集した2015年度から18年度までの事故情報を建物用途別に集計した結果。消費者安全調査委員会の資料に基づいて作成

◉ 引き戸タイプの自動ドアによる事故の分類

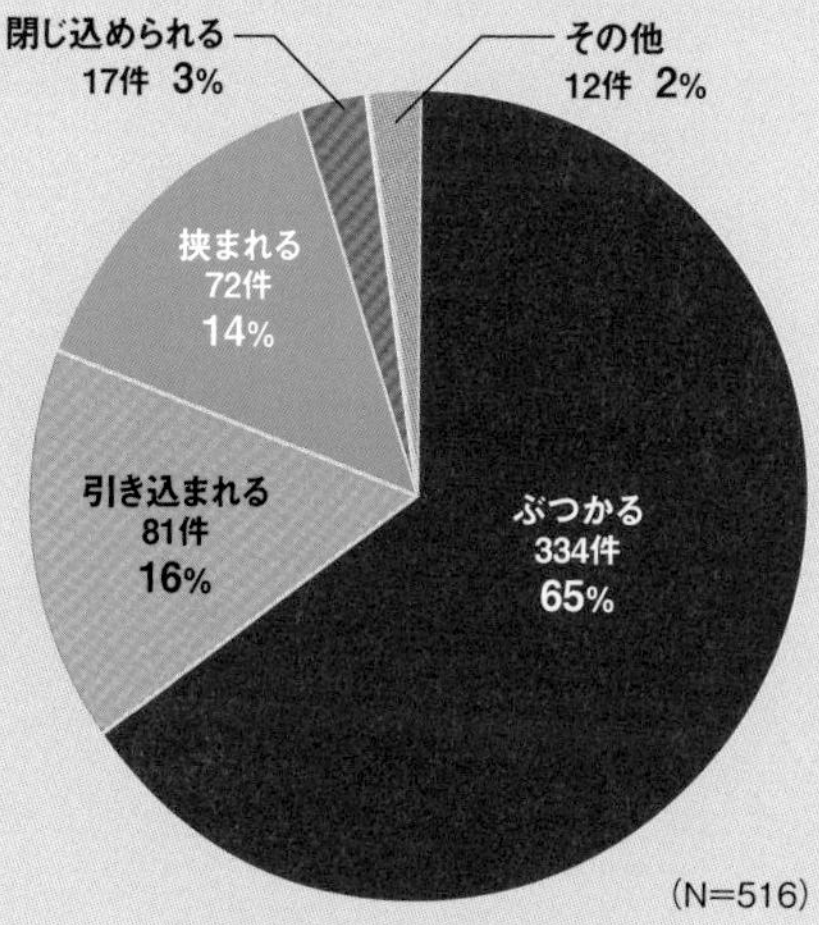
閉じ込められる
17件 3%
その他
12件 2%
挟まれる
72件
14%
引き込まれる
81件
16%
ぶつかる
334件
65%
(N=516)

2015年度から18年度にかけて確認された引き戸タイプの自動ドアによる事故516件を事故種別ごとに分類した結果。消費者安全調査委員会の資料に基づいて作成

した。

事故が発生する建物用途は、自動ドアを採用する事例が多い商業施設が36パーセントと目立つものの、商業施設が圧倒的に多いというわけではない。集合住宅で12パーセント、オフィスビルで7パーセントと、事故は幅広い用途の施設で起こっている。

事故パターンは、「ぶつかる」「引き込まれる」「挟まれる」の3種で全体の95パーセントを占める。なかでも多いのが「ぶつかる」で全体の6割を超えた。骨折に至るケースの大半は、この「ぶつかる」事象で発生。高齢者がドアや戸先にぶつかった後に転倒して生じたケースが目立っていた。

では、自動ドアに「ぶつかる」事故はなぜ発生するのか。調査委員会は機械的な要因と人的な要因との両面から探った。

万能でないセンサー

調査・分析の結果、機械的な要因として多く挙げられたのが、センサーの問題だった。事故情報として機械的要因が記録されていた事象を分析したところ、「ぶつかる」事故

200件に対して、「センサー検出範囲の不備」「センサー故障・劣化」を要因としたケースは、合わせて136件に及んだ。これは、「ぶつかる事故」全体の68パーセントに相当する。

自動ドアはおおむね以下の構成要素から成る。まずは機械的な要素として、通行者を検知する起動センサーとドアのガイドレール付近での通行者の立ち止まりを検出する保護センサー、ドアを動かすベルトとモーターから成る駆動装置などだ。他方、建具の要素として、ドアや水平部材の無目《むめ》、垂直部材の方立《ほうだて》など

◉ 自動ドアによる事故原因（機械的なもの）

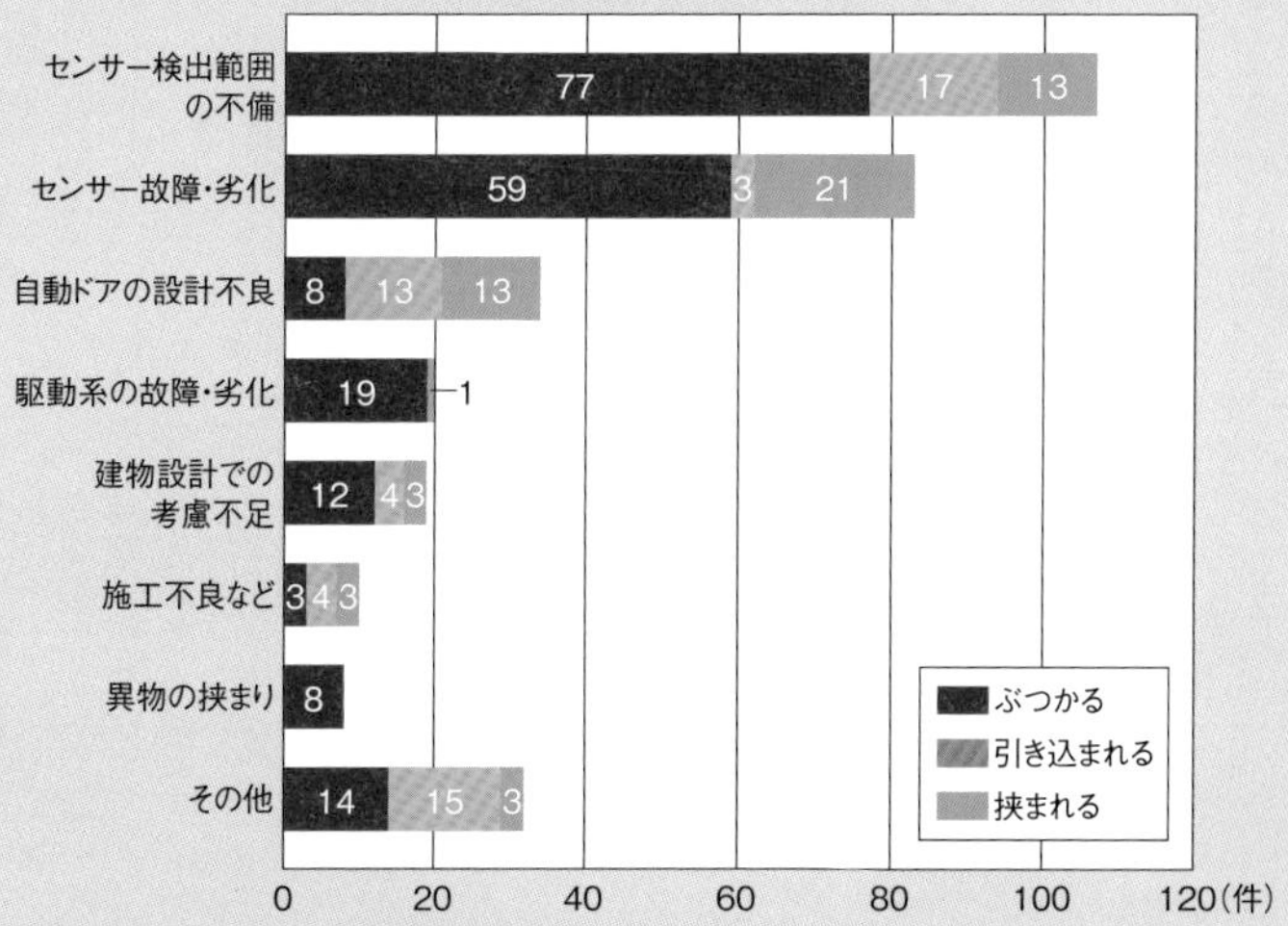

「ぶつかる」「引き込まれる」「挟まれる」という事故487件に対して、機械的な要因が記録されていた313件を分類した結果。消費者安全調査委員会の資料に基づいて作成

自動ドアは大別して2種類あるように思います
誰かいるなドアを開けよう
まずはセンサーによって自動で、もしくはタッチなどで開閉する誰でも通れる自動ドア
もう1つは何らかの認証が必要な自動ドア
あれ、鍵どこだっけ
認証可能なものや内部からの許可が必要
プライベートが要求される場に設置されるタイプですね
想定通りに動けば非常に便利な設備である自動ドア
わた
わた
…
便利であるがゆえに注意が必要になるのかもしれません

が存在する。

起動センサーとしては、主に近赤外線センサーが採用されている。自動ドア上部の水平部材である無目や天井部に設置したセンサーから床面に向けて近赤外線を照射。その反射状況を基にドアの動作を決める。

通行者の立ち止まりを検出する保護センサーも、主に近赤外線センサーが利用される。近年では、先の起動センサーと一体化したものが主流になっている。こうしたセンサーには、自動ドアによる押し潰しや衝撃といった危険を防ぎ、安全を確保する役割がある。

他にも、起動装置としてタッチス

154ページへ↙

◉ 引き戸タイプの自動ドアの概要図

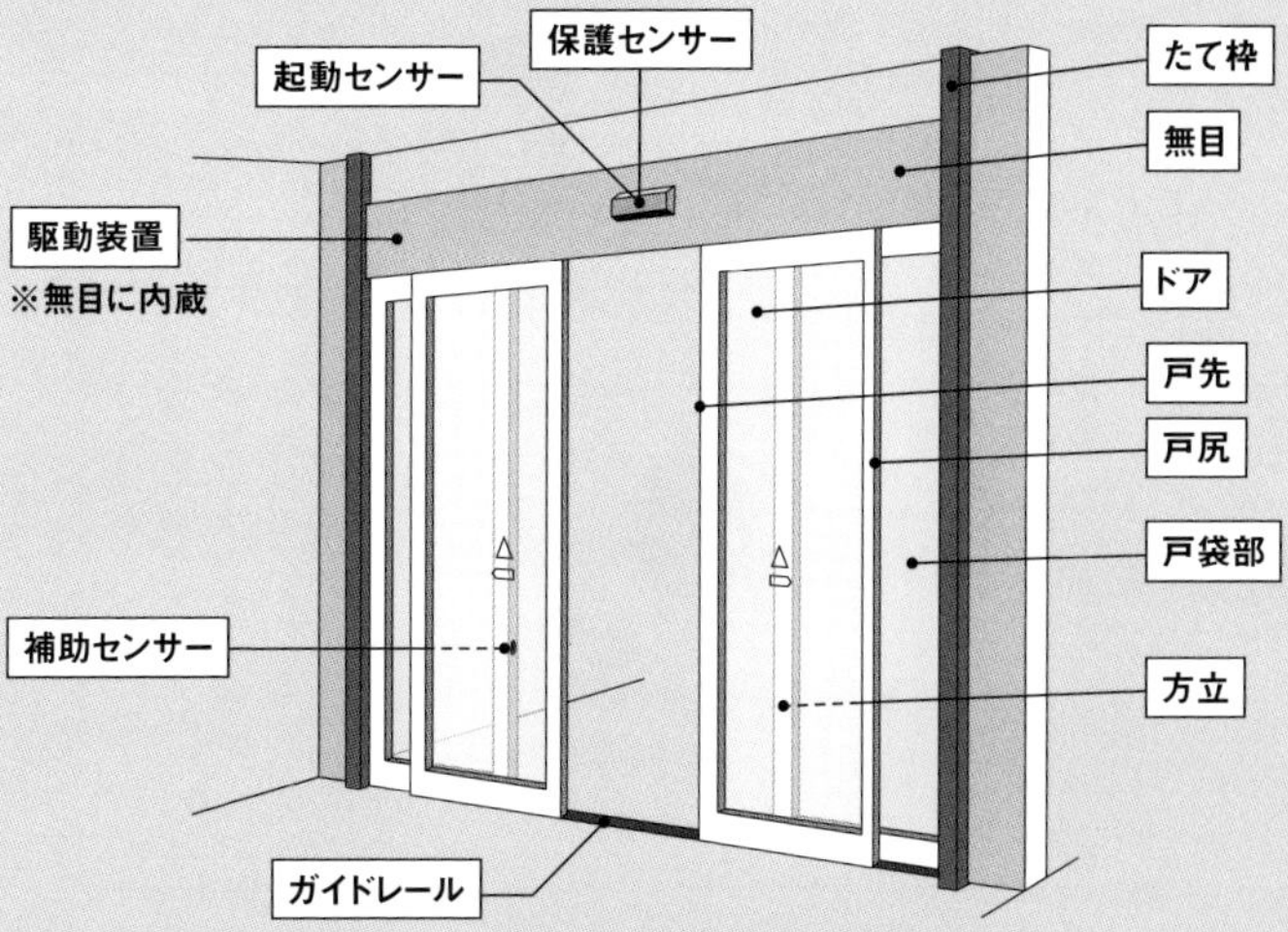
保護センサー
起動センサー
たて枠
無目
駆動装置
※無目に内蔵
ドア
戸先
戸尻
戸袋部
補助センサー
方立
ガイドレール

一般的な例で各部位の名称を示す。消費者安全調査委員会の資料に基づいて作成

駆動部分:モーターとベルト
センサー
ドア本体
まずは自動ドアの簡単な構造から
ドア本体は駆動部分に吊られて動く構造になっています
ドア本体には金属やガラスなど重量の大きな素材が使われることが多いです
エントランスだとステンレスのようなアルミの倍以上重い金属が使われることも多いですね
重い物を動かすにはそれなりのパワーのあるモーターが必要になってきます

重い物はいったん
動き出すと
すぐには止まれない
閉まり始めた自動ドアに
接触すると骨折など
重大な事故となることも
考えてみると自動ドアには
エレベーターの扉のような
物理的に接触を感知できる
スイッチがありませんね
物理スイッチ
その分、光学系のセンサーに
比重が置かれているようです
きちんとセンサーを
稼働させるための
メンテナンスも必要ですが
自動ドアの前では
いったん停止！
開閉ヨシ！
無理に通過しないなど
ちょっとした注意が
事故を防ぐのかも
しれません

イッチを用いる際に使う併用センサーなどがある。自動ドアの動きはセンサーからの信号で決まる。センサーが正常に機能しなければ、ドアは適切なタイミングで開閉せず、衝突などの事故を招いてしまう。センサーが正常に動作しない場面として挙げられるのは、床と対象物との見分けが難しいケースだ。近赤外線センサーは、照射した近赤外線の反射量の変化から人の存在を検知する。

そのため、床材と通行者の衣類とが似たような素材や色の場合、反射量の違いをうまく判別できず、センサーとして適切に機能しないリスクが高まる。調査委員会が実施した実験では、床のカーペットと同じ素材を歩行者に見立てて自動ドアに近づけても、ドアは作動しなかった。

他にも、経年劣化や受光面の汚れなどによって、ドアの開閉などの反応が不安定になるケースがある。調査委員会が開孔率60パーセントの汚れを模したネットをセンサー表面に貼り付けた場合と、センサー表面に何も付けていない場合とで検出範囲にどの程度差が出るのかを比べる実験を行ったところ、ネットを付けた場合は検出範囲の奥行きが半減してしまった。

自動ドアに「ぶつかる」事故の人的要因を見てみると、「駆け込み」と「斜め進入」が上位2件を占めていた。自動ドアの可動速度やセンサーの性能などを踏まえると、人の接近スピードが速い駆け込みについては、ハード側での対応に限界がある。

それでも、ドアのデザインや配置といった観点から対策を講じれば、リスクを軽減できる可能性はある。例えば、自動ドアへのぶつかりは、透明な自動ドアを知覚できずに生じるケースが多い。戸先や戸尻を視覚的に識別しやすいデザインに改めれば、人の方が障害物に気がついて、ぶつかりを防ぐ行動を取る可能性が高まる。

斜めからの自動ドアへの進入につい

◉ 自動ドアによる事故の原因

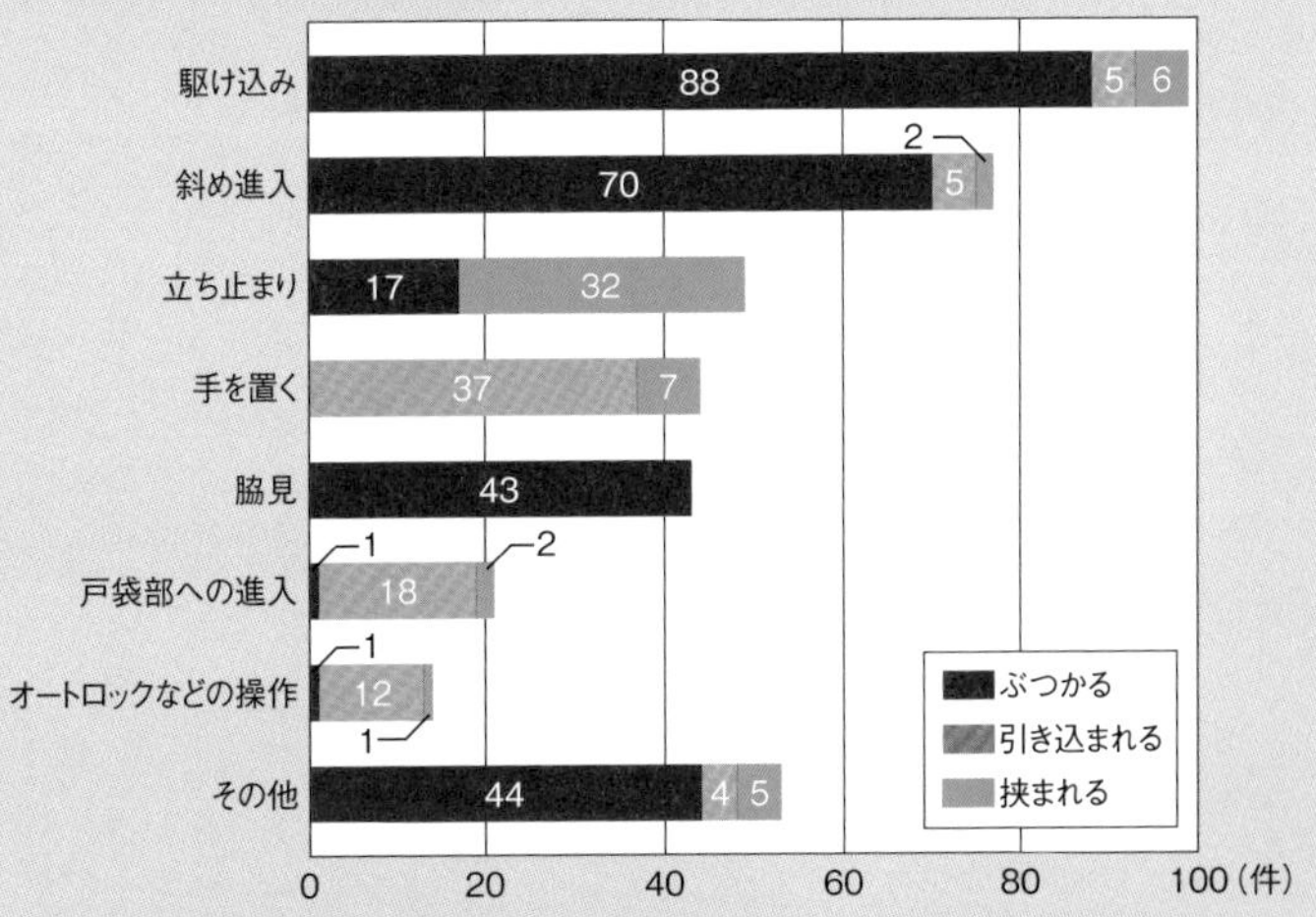

「ぶつかる」「引き込まれる」「挟まれる」という事故487件に対して、人的な要因が記録されていた400件を分類した結果に基づく。消費者安全調査委員会の資料を基に作成

ては、最短ルートで移動しようとする人の特性を踏まえて、自動ドアのセンサーの検出範囲を設定すれば対応できる部分がある。調査委員会が斜め進入について実験したところ、JISなどで規定される起動センサーの検出範囲の推奨値を守っていれば、衝突事故は防ぎやすくなると分かったからだ。

ただし、課題があった。自動ドアの規格である「JIS A 4722」では、センサーの検出範囲の確認が点検項目として規定されていなかったのだ。加えて、センサーの検出範囲を簡易に測定する道具や方法についても規定されていなかった。適切な設定ができているか否かを正確かつ簡易に確かめることが容易ではない現実があったのだ。

この点については、調査委員会の指摘を受けて前述の自動ドアのJISを2022年に改定。簡易な点検による検出範囲の確認方法を規定し、検出範囲の点検記録を残すことも求めた。

建築設計の観点から「ぶつかる」事故を防ぐ方法もある。

例えば、センサーで通行者を確実に検出できる範囲を確保したり、斜めから自動ドアに進入しにくい動線にしたりする工夫だ。自動ドアの特性を理解したうえでドアの配置などを決めていく姿勢が、建築設計者に求められている。

ドア開閉時の死角が悲劇を生む

ここからは、「ぶつかる」に続いて数が多い「引き込まれる」ケースについて分析する。「ぶつかる」ケースと同様に「引き込まれる」ケースでも、技術面のよりどころである日本産業規格（JIS）自体に課題があった。

自動ドアに「引き込まれる」事故を招く機械的な要因としては、「自動ドアの設計不良」（23パーセント）が「センサー検出範囲の不備」（30パーセント）に続いた。

この設計に関連する部分で課題のあったJISは「JIS A 4722」だ。同規格には、引き込みなどに対する安全距離という項目が規定されている。例えば、指に対しては8ミリメートル以下または25ミリメートル以上という規定がある。これは、8ミリメートル以下の隙間に抑えておけば、指の引き込みについては安全だと定めたものだ。

◉ 年齢別の第5指（小指）爪基部の厚さ

年齢	平均値（mm）
2歳	7
4歳	7.3
8歳	7.8
10歳以上	8.2

「平成20年度 機械製品の安全性向上のための子どもの身体特性データベースの構築及び人体損傷状況の可視化シミュレーション技術の調査研究報告書」（日本機械工業連合会・人間生活工学研究センター）の内容に基づき、消費者安全調査委員会が抽出したデータ

◉ 子どもが自動ドアに引き込まれた施設

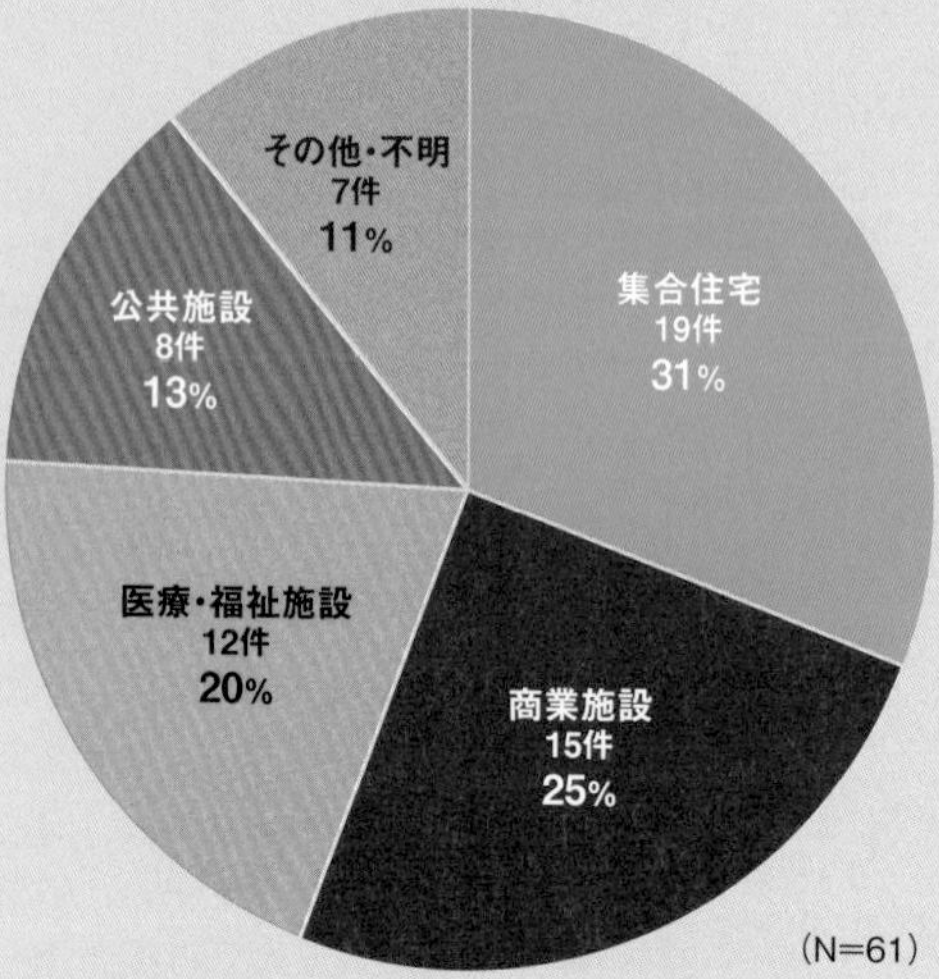

その他・不明
7件
11%
集合住宅
19件
31%
公共施設
8件
13%
医療・福祉施設
12件
20%
商業施設
15件
25%
（N=61）

9歳以下の子どもが引き込まれる事故61件を建物用途別に集計した。消費者安全調査委員会がまとめた結果に基づいて作成。2015年度から18年度までの事故情報を分析

自動ドアの操作面がドア面と垂直な壁に設置されている例（写真:日経クロステック）

ところが、日本機械工業連合会などが子どもの体形を調査したデータに基づくと、8歳児の小指の爪基部の厚さは平均7・8ミリメートル、2歳児では同7ミリメートル。いずれも8ミリメートルに満たない。JISの安全距離は大人の指は考慮していたものの、幼い子どもの指が引き込まれるリスクにまでは対応していなかった。

前述した2022年のJIS改定には、この指摘に基づく対応も盛り込まれた。開閉の機能を保つうえでは一定の隙間が必要で、安全距離の数字を安易に見直すのは難しい。そこで、戸尻框《かまち》と方立に手指用の緩衝材を設置するような取り組みを例示した。

さらに、戸袋から引き込まれる事故では、集合住宅などに設置されているオートロック式の自動ドアを動かす際に、操作者がドア全体を見渡せていない場合があるという課題も浮かび上がった。この点は、9歳以下の子どもが引き込まれる事故が集合住宅で多く発生する点と符合している。

オートロック式の自動ドアを開ける際、操作者は操作盤に気を取られる。操作盤がドアと垂直面に設置されている場合、戸袋などに子どもが手を置いている状況を操作者は気づきにくい。室内から解錠して自動ドアを開ける際に、戸袋付近に子どもが存在するか否かを確認するのが困難なケースも珍しくない。

引き戸を全開にしようとすると縦枠と引き手に指が挟まれた状態になりますね
引き戸タイプの建具で起こりやすい「指詰め」事故
ドアを閉じる際に生じる指詰め
バタン
ぎゃー
引き戸タイプが多い自動ドアの場合は指が扉に引き込まれる事故が多いようです
開
オートロック操作に気づかず挟まれたり！

隙間対策は難しいですね
エスカレーターの隙間に柔らかい素材の靴がのみ込まれるなど隙間事故の事例は多いように思います
服やバッグなども挟まれる可能性がありますね
う〜ん
考え始めるとキリがない……利用者が注意するしかないような気もしてきますね
うぃーーん
センサーでセンサーを確認するような対策を講じるべきなのか……
自動化は便利な半面非常に難しい問題を設計に投げかけてきます

⚠ 点検しない建物所有者

そのため調査委員会では、集合住宅などに設置する自動ドアについて、周囲の安全確認後に解錠操作できる2段階操作の仕組みや自動ドア周辺を見渡せる位置への操作盤設置といった配慮を建築設計の段階で求めている。

ここまでに挙げた「ぶつかる」や「引き込まれる」といった事象への対策に加えて、もう1つ重大な課題がある。メンテナンスだ。建築物の保全管理に関して建築基準法で定める定期報告制度では、昇降機や防火設備などの定期点検とその結果の報告が義務付けられている。しかし、防火機能を備えた製品を除いて自動ドアに法的な点検義務はない。

建築基準法は最低限の安全基準などを定めるものであり、自動ドアはそこに該当する設備として扱われていない。一般的な自動ドアは、故障するまで専門の事業者による点検が行われないケースが多いのが実情だ。

調査委員会が、建物所有者43社に対して自動ドアの定期点検などの実施の有無を確認したところ、「実施している」と回答したのは9社に過ぎなかった。大半は異常があった場合、保全会社に依頼するという対応にとどまっていた。

大量に発生している自動ドアの事故を防ぐうえでは、センサーの状態などを定期的に確認する点検の充実が重要になる。これは、先に示したＪＩＳ改定に盛り込まれたセンサー検出範囲の測定・確認といった取り組みの実効性を高めるうえでも欠かせない。

今後、高齢化が進む日本。自動ドアとのぶつかりといった事故が発生した際に、大きな被害を招きやすくなるのは想像に難くない。死亡事故など致命的な事故を引き起こさないためにも、調査委員会が提示した提言を無駄にせず、早急かつ着実に対策を講じ、自動ドアによる事故を大きく減らしていかなければならない。

第7話

反射光害

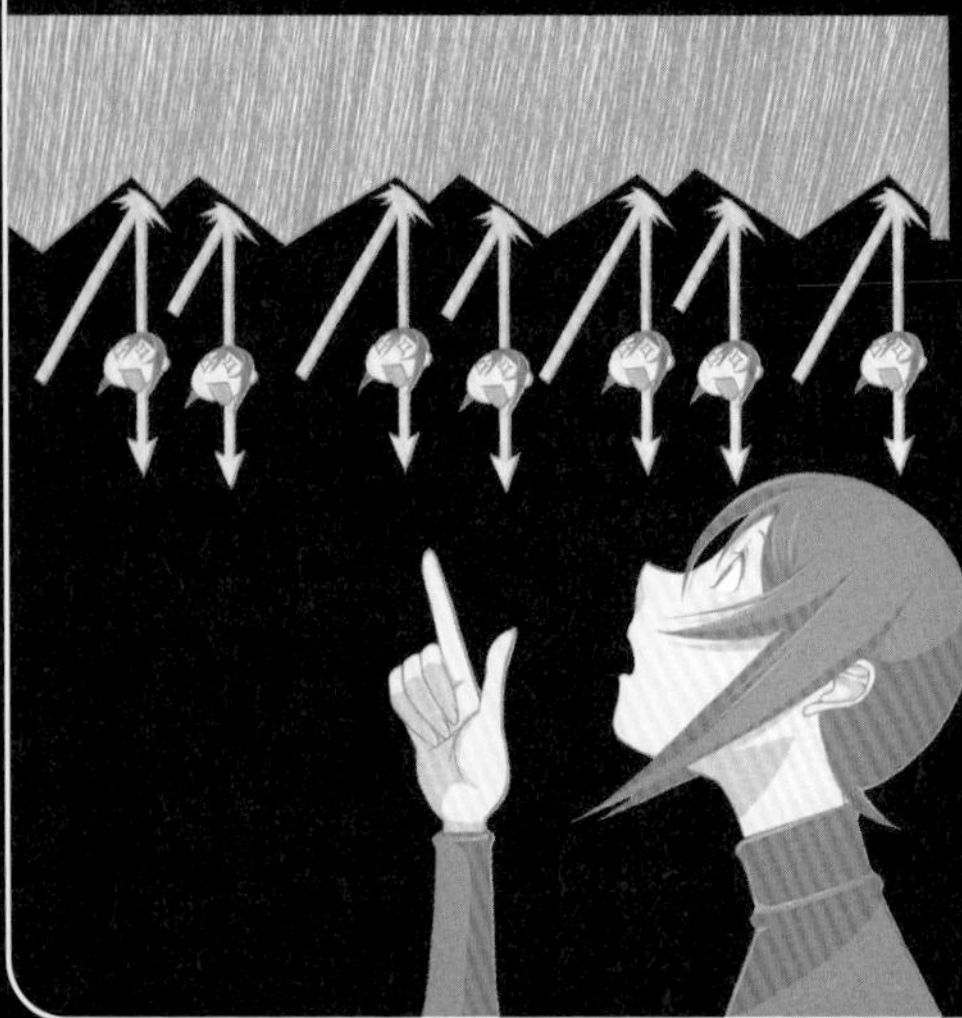

まさかの反射光害で近隣トラブル

きらびやかな外観を持つガラス壁面のビル。目を引くデザインである半面、近くを通ると壁面に反射する光が目に突き刺さることがある。近年は住宅地でも屋根面に設置した太陽光発電パネルからの反射光が近隣トラブルに発展するケースも出てきている。

ここで扱うのは、夜間の照明などがもたらす光害ではなく、建物の壁や屋根がもたらす日射の反射光害だ。ガラスや金属、明色の塗装などがトラブルを招きやすい。太陽の南中高度が高く、朝夕に太陽が北寄りを通り、日照時間が長い夏季は、思わぬ光害が顕在化しやすい傾向にある。

直接、体を傷付けるような事象には至らないものの、道路を通行する車両の運転者の目に強い光を当てれば、運転者の視界が奪われて交通事故などを招きかねない。２０１３年には警察庁科学警察研究所の研究者が、太陽のまぶしさは交通事故に大きな影響を与えていると結論付けた論文をまとめている。まずは日経アーキテクチュア２０１０年２月８日号の特集記事に執筆した以下の事例を振り返る。

反射を用いた身近なものといえば、バルコニーや壁面に設置されているパラボナアンテナがありますね
電波を安定して送受信するために反射を利用しています

反射板を使って降り注ぐ電波を広いエリアからキャッチ！逆に使うと送信も
矩子の電波よはるかかなたまで飛んでいけーー！
はんしゃ〜
生活の一部として活用されている「反射」
ピカァッ
電波は目に見えないので反射を確認できませんが、これが可視光線だと色々問題が出てきそうです

ガラスのファサードが反射もたらす

「太陽が2つ、3つあるようだ」「まぶしいうえに、顔が熱くなる」「パソコンの画面が見にくい」――。福岡市内に立つ天神グラスビルディング（以下、グラスビル）に対して、こうした苦情が沸き上がった。

声を上げたのは、グラスビルの向かいに位置する天神パークビルと伊藤久ビルに入居する複数のテナントだ。建物の完成を控えた2008年初めの出来事だった。

地上9階建ての店舗を含む事務所として、グラスビルは建設された。同ビルに対する苦情の原因は、道路に面する南側に設けたガラスのファサードからの日射の反射にあった。

グラスビルの建て主は、イーストウィング。同建物を建てるために設立された特別目的会社だ。トラブル発生時は、アーバンコーポレイション（2008年8月に民事再生手続きの開始を決定するも、その後清算）の子会社がアセットマネジメントを担っていた。基本設計を設計事務所のｃｄｉが、実施設計と施工を東急建設が、それぞれ手掛けた。

名が示す通りガラス製のファサードが、グラスビルの最大の特徴だ。三角すいを上下に並べた蛇腹のような外観を持つ。表面のガラスは、水平面や鉛直面に対して複雑に傾く。

ｃｄｉが設計を手掛けた東京都渋谷区内のジ・アイスバーグのような建物を求めたクライアント側の考えを踏まえた意匠だった。一様でないガラス配置がもたらす表層の〝きらめき〟感を狙っていた。

ガラスを多用する設計だったので、基本設計の段階において建物内の温熱環境をシミュレーションなどで確かめた。そしてこの段階で、室温上昇を抑えて空調負荷を軽減するために、透明強化熱線反射合わせガラスや透明強化合わせガラスなどを組み合わせて用いる

◉ 天神グラスビルディングの配置図

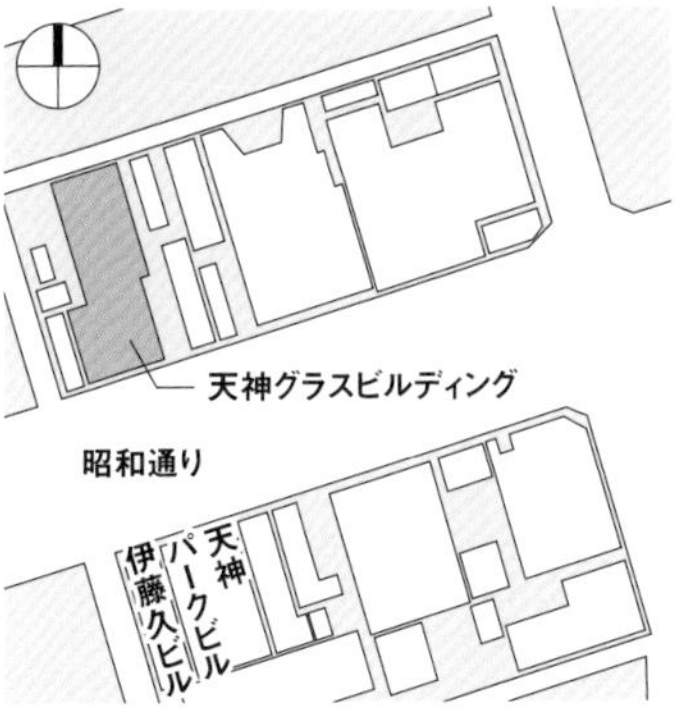

天神グラスビルディングの南側を見たところ。2008年4月に撮影した。完成後のビルでは空室が目立った。09年11月25日時点で、1階にテナント募集のお知らせを貼り出していた
（写真:日経アーキテクチュア）

計画を立てた。

「クレームは全くの想定外」

建物のアセットマネジメントを担う会社や東急建設はこの件の取材に応じなかったので、実施設計以降の建材の検討過程や反射に対する分析状況は定かではない。現地のガラスを目視する限り、実際に熱線反射ガラスを用いていたとしても、透過率の大きい製品を採用した可能性が高い。ただ、ガラス仕様の詳細にかかわらず、ガラスで構築した複雑な形状の外壁は、水平面に対して緩やかな角度の反射光を向かいのビルにもたらした。

グラスビルの近隣には、ガラスの表層や開口部を持つ建物が他にもある。これらのビルでも日射は反射している。にもかかわらず、グラスビルで冒頭のような苦情を招いた一因は、角度を持たせた複雑な表層が他の建物に比べて反射の影響を際立たせたり、平行に並ぶガラス面から複数の反射光が届いたりした点にあると考えられる。

ｃｄｉで取締役を務める吉川博行氏は、「建物内部の環境については検討を重ねていた。だが、外部への反射によるクレームの発生は、全くの想定外だった」と振り返る。

そして、その理由を次のように説明した。「ガラスを用いた建物を建ててきたが、これまで苦情はなかった。ジ・アイスバーグの施工中に向かい側にあった美容院から、夕方に少しまぶしくなるという話が現場事務所に届いた程度だ。このときも、まぶしくなる時間がごく限られていたりして、大きな問題に

クライアント側が天神グラスビルディングを計画する際に、モデルとして考えたジ・アイスバーグ。東京都渋谷区内に立つ(写真:日経アーキテクチュア)

◉ **天神グラスビルディングの平面概要**

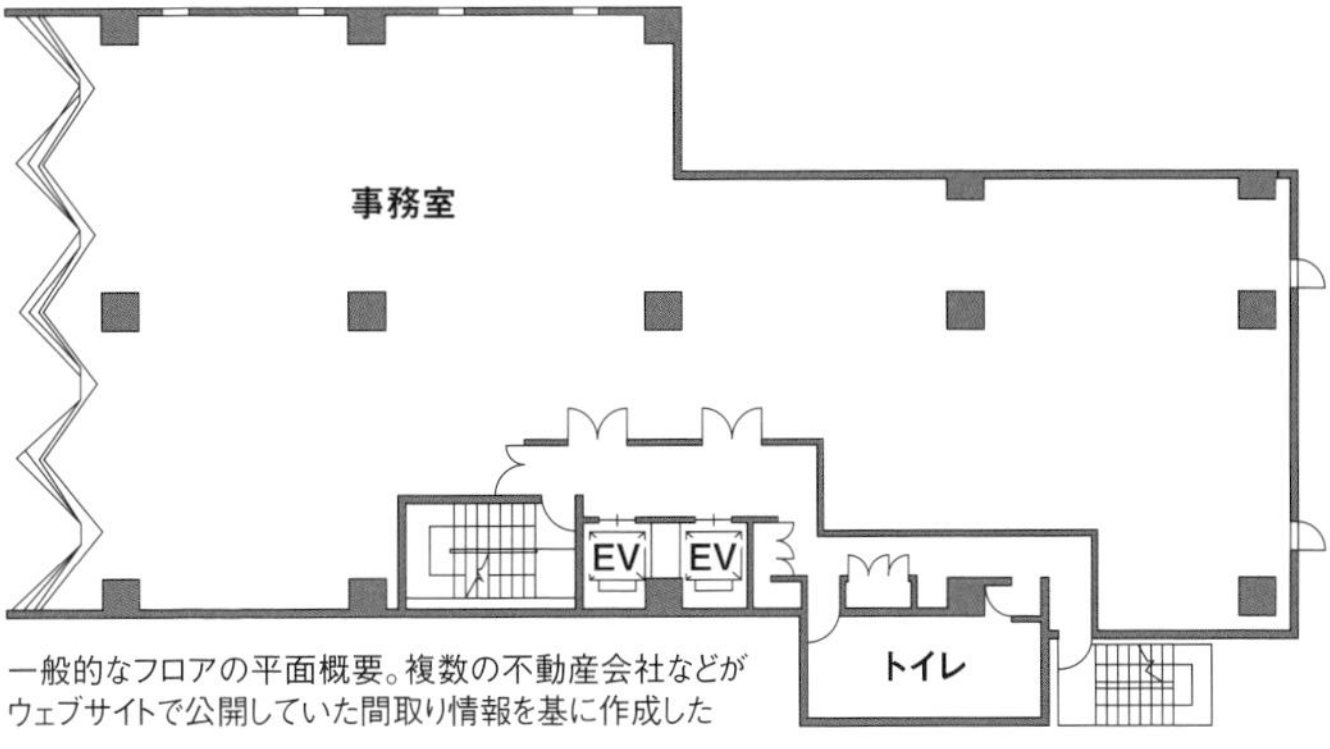

一般的なフロアの平面概要。複数の不動産会社などがウェブサイトで公開していた間取り情報を基に作成した

反射光を防止するためにフィルム張りや可動式テントの設置といった対策を講じた後の天神グラスビルディングの表層の西面（左の写真）。2009年11月25日午後3時ごろに撮影した。右の写真は同日午前11時過ぎに撮影した表層東面。西面のようにフィルムを張っておらず、日射が鏡面反射していた（写真：日経アーキテクチュア）

ならなかった」。

設計者も十分に予想できなかった天神グラスビルディングにおける日射の反射による光害のトラブル。2008年3月に、この問題に対する取材の窓口であったアーバンコーポレイションに、設計時の配慮などを尋ねた。

同社の広報担当者はその際、詳細は確認中だと前置きした上でこんなふうに回答した。「向かいのビルとの間に幅40メートルほどの道路があり、反射光は影響しないとみていた」。それでも、反射によるトラブルは発生し、結局はグラスビル側で反射を防ぐ対策を講じた。例えば、1、2階部分には可動式のテントを庇として設置。西日の影響を受けるガラス面には、反射を抑制するためのフィルムを張り付けた。

これらの対策の効果について、グラスビルの向かいにある2つのビル内にあるテナントで働く人たちに話を聞いてみたところ、現状では反射光に対する不満は出なかった。

ただ、フィルムによる対策は耐候性の課題を抱える。これからも定期的な対応が必要となるだろう。一度起こった反射の問題を根本的に解決することは難しそうだ。

（注）日経アーキテクチュア2010年2月8日号の特集「『反射光害』の防ぎ方」の一部を再構成。登場する組織、肩書などは取材当時のもの

問題の起こった
天神グラスビルディングは
規則正しく分割された
ガラスのカーテンウオールでした
この規則正しさが
問題だったのかも
しれません

いくつものはんしゃ〜
「太陽が2つ、3つあるようだ」という発言があることから
複数面に分割されたガラス面から同時に反射があることがまぶしさを助長した可能性がありますね
設計の視点で対策後の写真を見て思うのは
ほぉ…
「反射防止フィルムって効くなぁ」ということ
現実的な対策が立てられると心強いですね

違法性の追及が困難な反射光害

反射光害の問題は、日射を受ける建材の取り付け形状やその素材などに応じてリスクが大きく変わる。例えば、明色の金属屋根が反射光害で近隣トラブルを起こした事例がある。天神グラスビルディングの事例でも分かるように、ガラスは便利で機能的である半面、使い方によってはリスクを伴う建材の1つだ。後述するが、熱線反射ガラスを凹面状に配置した建物が収れん火災を引き起こした事例もある。ガラスを用いている太陽光発電パネルも反射光害ではよく話題に上る。

横浜市内では、屋根面に太陽光発電パネルを設置した新築住宅に隣接する住宅の住民が、パネルで反射する日射が住宅内に差し込むと主張。パネルの撤去などを求めて提訴する事件が発生した。

木造2階建て住宅の南側と北側の屋根に太陽光パネルを設置して住宅を建設していたところ、北側隣地の住民が住宅会社にパネルの撤去などを求めたのが発端となった。

この争いでは、地方裁判所が隣家住民の主張する被害をおおむね認め、新築住宅の所有者にパネルの撤去を、新築住宅の所有者と住宅会社に合計22万円の支払いをそれぞれ命じた後、高等裁判所が同判決を覆した。結果はどうあれ、2度の裁判という長い争いになってしまった。

高裁判決では、パネルから反射する光が隣家の住民の居室に差し込む時間が、夏至で0分、春分や秋分で1時間から2時間にとどまるという住宅会社側の主張を認めた。さらに、カーテンを閉めれば、反射光の差し込みを相当防げる点などを指摘。受忍限度を超えるとは直ちに認められないと判断したのだ。

このように、反射光が発生すること自体に違法性を問うのは難しい。加えて、反射光がもたらすトラブルが、安全や健康に直接的な被害を及ぼす事例はそれほど多くない。それでも、反射光害は珍しいトラブルではない点は心得ておきたい。

例えば、大阪のランドマークの1つで、1993年に完成した梅田スカイビルでも、完成当初に反射光害のトラブルが発生。事態を重くみた大阪市が、当時の建築に関する複数の基準を改定して、光害に対する配慮を求めるようにした。

こうした動きがある一方、建築基準法では反射光の規制を設けていない。反射の利用や影響の検討は、設計者など実務者の裁量の範囲で進めなければならないのだ。それだけに、実務者は設計段階から意識的に、反射光害の可能性を考えておく必要がある。

180ページへ↙

直射日光があまりない
北面では反射の問題は起こらないと
思うかもしれません
太陽光パネルの設置が
義務化されると
こういう問題が多く
なりそうですね
誰だお前は!?
矩子参上!
ガラス、太陽光パネルに
限らず反射の大きい材料を
使う場合は近隣への影響も
考えないといけませんね

矩子フラッシュ！
次のトラブルは屋根の北面に設置された太陽光パネルの反射による光害
ピカ
南面だけでは発電能力が足りずにやむなく北面設置となったのでしょうか
事前に周囲の状況を確認するなど
ふむふむ あそこに窓があるぞ……
地道な活動が一番の対策なのかもしれません

しかし、前述のように建築設計の観点で反射光害を防ぐための方策をまとめた資料はほとんどない。そこで、天神グラスビルディングの事例を取材した際に反射光害を防ぐ上で押さえておきたいポイントを5つの視点で簡潔にまとめた資料を以下に紹介する。

反射光害を防ぐポイントは建材選定や建物形状の決定時の綿密な検討にある。建物完成後の無用なトラブルを防ぐためのチェックツールにしてほしい。

◉ 反射光害を防ぐための5つの視点

視点	主な注意点
形	・水平面に近い角度で反射光が出ないような形状にする ・複雑な形状を採用する場合は、シミュレーションなどで丁寧に検討する ・太陽光発電パネルの設置では、クレームを招きやすい北面設置を避ける
時間	・季節、時間変化を考慮して反射光の動きを確認する
周辺	・隣接する建物について開口部の設置状況を確認する ・隣接する建物について主な利用時刻を把握しておく ・建物だけでなく、道路や鉄道などの施設にも配慮する
建材	・反射光の問題をもたらすのは反射率の高い建材だけではないと意識する ・事後対策に用いるフィルムでは、熱割れや長期的な維持管理も考慮する ・金属系の建材を素地で使う場合は反射リスクに気をつける
色	・夏の暑熱対策として屋根面に日射の反射性能が高い塗料を用いる場合は反射の影響を考える ・省エネなどの目的で内装に反射性能の高い材料を用いる場合は、利用者や居住者が感じるまぶしさをよく検討する

取材を基に作成

トラブル防止術 その1［形］

反射光が問題となりやすいのは、水平方向に軌跡を描くときだ。人が活動する際の目線は水平方向が多く、まぶしさによる不快感を招きやすいからだ。光の反射方向を決める要素としては、壁や屋根などの面の形状が挙げられる。

垂直に立った壁面や水平な屋根面では、鏡面反射した太陽光に対するクレームが出る事例は比較的少ない。反射光が水平面に対して大きな角度を持ったり、上空に向かって反射したりしやすいためだ。垂直面や水平面で反射する光であれば、軌跡を予測しやすい。

半面、曲面や複雑な面で構成した壁や屋根を採用した場合、反射光の軌跡も複雑になる。都心部など建物が密集する地域では、敷地形状や斜線制限などの影響を受け

屋根や壁の形状が反射光の軌跡を決める

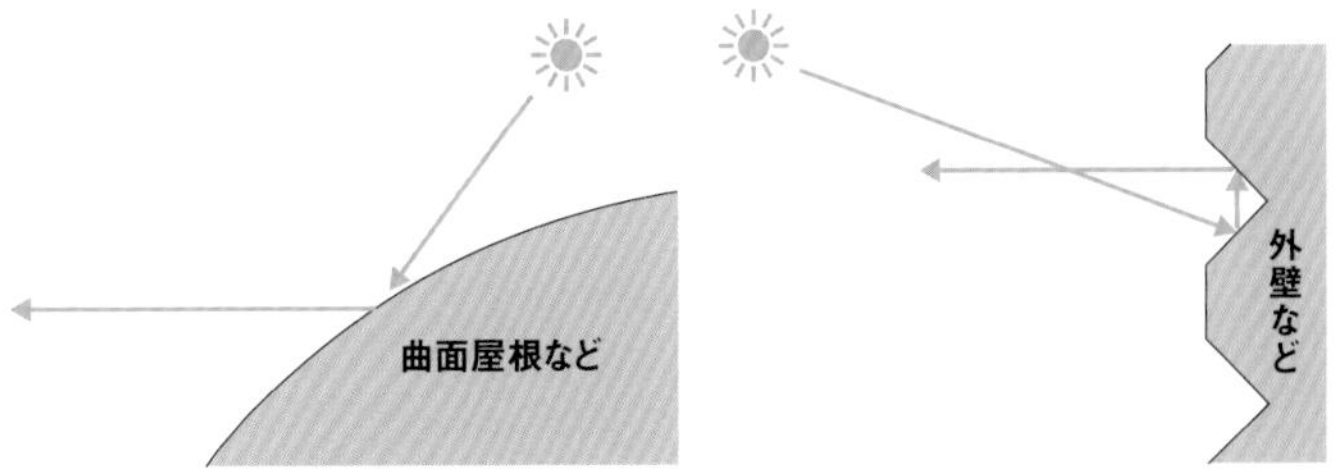

曲面には様々な角度の接面が生じる。そのため、太陽光が水平方向に近い角度で反射する場所が生じやすい。様々な角度から成る表層は思わぬ方向への反射を生む

て複雑な形状の壁や屋根を採用する建物が珍しくない。意匠性を追求し、あえて込み入った表層形状を選ぶ事例もある。こうした建物では、反射光の軌跡の把握が難しくなるケースが多い。

複雑な反射光の動きは、コンピューターによるシミュレーションなどを用いなければ、予測や分析が困難だ。予算に余裕のある大きな事業であれば、専門のコンサルタントに分析を依頼するのも手だ。簡易かつ分かりやすいシミュレーションとしては、模型の利用も有効だ。建物の模型に反射材を張り付け、そこに太陽に見立てた光を当ててみれば、反射光の大まかな傾向が見えてくる。

屋根に太陽光発電パネルなどを設置する場合も注意を要する。戸建て住宅に太陽光発電パネルを取り付ける際は、風圧などの条件を考慮して屋根面に平行に取り付けることが多い。こうした太陽光発電パネルや屋根に設けた天窓では、ガラスなどによる反射が生じる。設置する角度や方位によっては、隣接する建物などに影響を及ぼす恐れがある。

太陽光発電パネルでは、北面への設置は避けたい。南面に比べて発電効率が大きく低下するうえに、開口部の多い南面に反射光をもたらしやすいからだ。

ガラスなどの設置面を垂直面から下に向けて傾け、日射が水平方向へ反射しにくくする手法もある。ただ、赤外線を含む反射光が到達した地上部などでは、温度上昇を招きかねない。建物表層での日射反射では、まぶしさだけでなく、周囲の温熱環境への影響にも留意が必要だ。

トラブル防止術 その2【時間】

季節や時間とともに方向が変わる日射に合わせて、反射光もその位置を変えていく。反射光の影響が疑われる建物を計画する際は、反射光の挙動を調べておくことが重要だ。大まかな傾向は、夏至や冬至といったポイントとなる時期を調べるとつかめる。

太陽の位置が高い夏と低い冬とでは、反射の影響が出やすい屋根や壁が異なる。例えば、夏など太陽高度（地平線と観測者が見る太陽とがなす角）が大きいときに太陽側に向くこう配の大きな屋根で生じる鏡面反射は、水平に近い角度になる。

南側の高い位置に太陽があると、北側の屋根で光が反射しやすい。前述のように、こうした光は北側にある建物の南側開口部に差し込む場合がある。

冬であれば、建物南側の垂直壁面などでも日射が水平方向に近い角度で反射する恐れが

◉ 季節に応じて反射光の方向は変わる

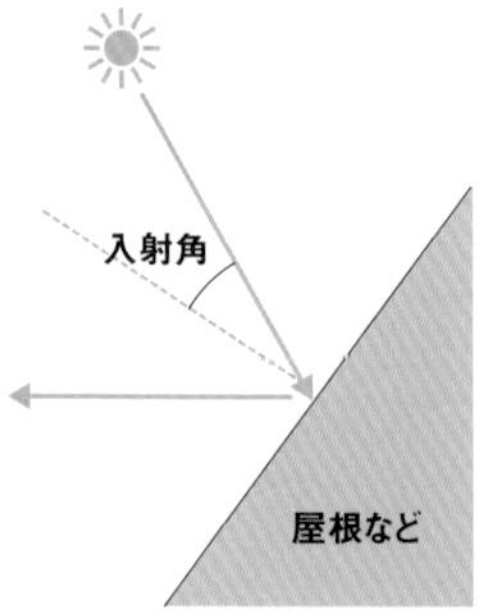

こう配が急で鏡面反射しやすい屋根面に、夏季の昼などに代表される高度の大きな日射が当たると、反射光が水平方向に出やすくなる

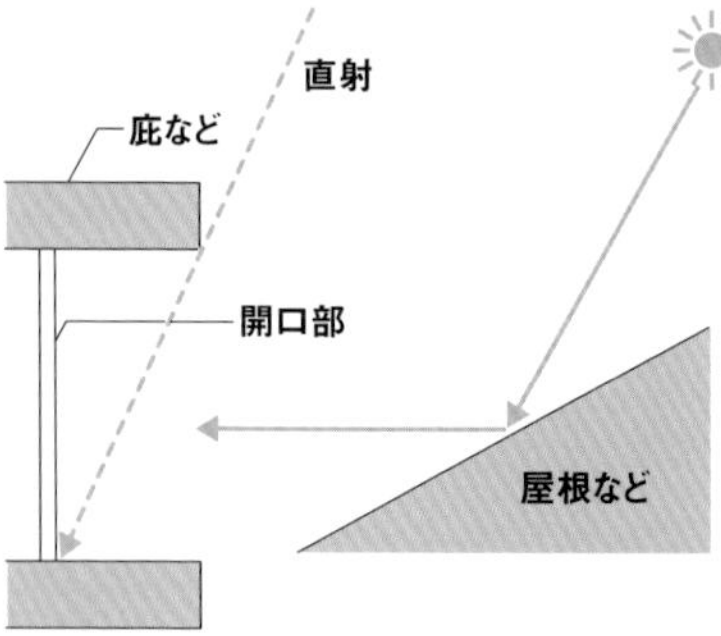

北側の屋根が日射反射するケースは少なくない。例えば、北側にこう配が30°程度（6寸勾配程度）の鏡面反射しやすい素材の屋根があると、太陽高度が60°程度で南側からの日射を受けたときに、北向きに水平に近い角度の反射光が生じる

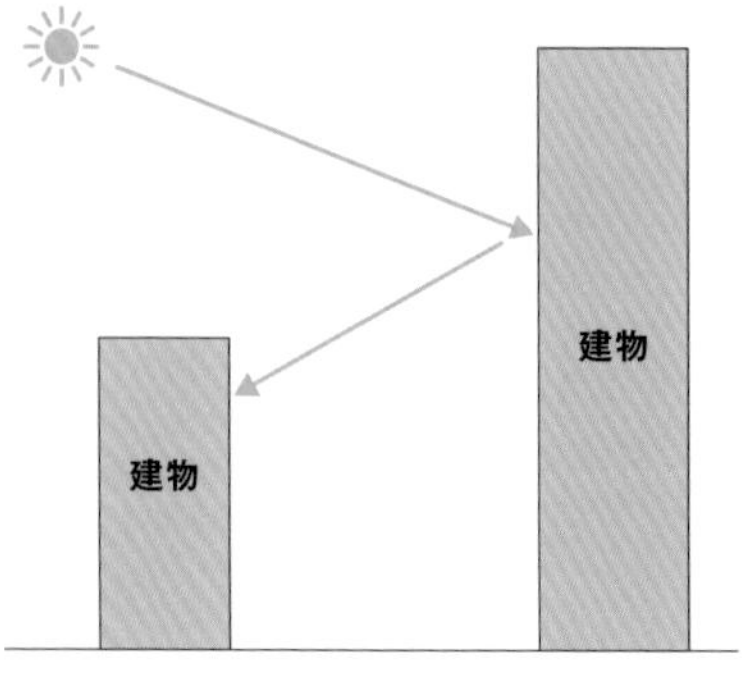

朝や夕方などは季節を問わず、太陽高度が小さい。この時間帯にビルの垂直壁面に太陽光が当たると、水平方向に近い角度で反射光が出やすくなる

ある。夏至を中心とした朝や夕方には、比較的低い高さで太陽が東北東や西北西寄りに位置する。こうした方向からの日射を受ける屋根や壁は、思わぬ反射光をもたらす場合があるので注意しておきたい。

トラブル防止術 その3 ［周辺］

反射光の影響を考える際は、隣接する建物の開口部の状況をつかんでおくことが重要だ。開口面が広い建物であれば、反射光の影響を受けやすい。住宅地などで周辺の建物と地盤面に高低差がある場合、屋根面と開口部の高さが近づくことがある。こうしたケースでは、屋根での反射光の影響を十分に考えておきたい。

住宅など南側に広い開口部を設ける間取りの建物は数多い。向かいにある建物の北側屋根面から北向きに光が反射すれば、こうした開口部に反射光が侵入する可能性がある。他方、北側の開口部では、直射はほとんど差さない。このような部分に強い反射光が入ると、まぶしさなどの影響が際立つ。

反射光を生じるリスクがある部分に影をつくり出すことは、1つの対策となる。敷地などに余裕があれば、直射を遮るような植栽も対策になる。

周辺の建物への影響を検討する際には、その建物の利用時刻も認識しておきたい。オフィスビルであれば、日の出から間もない早朝などは利用されていないケースが多い。一方で、夕方になればビルの利用者が増える。後者の時間帯の方がより注意が必要となる。

反射先として注意すべき対象は、建物だけではない。道路や鉄道などにも配慮が必要だ。進行方向から差し込む反射光は、車などを運転する人や歩行者の視界を奪いかねない。

◉ 建物周辺の状況を把握しておく

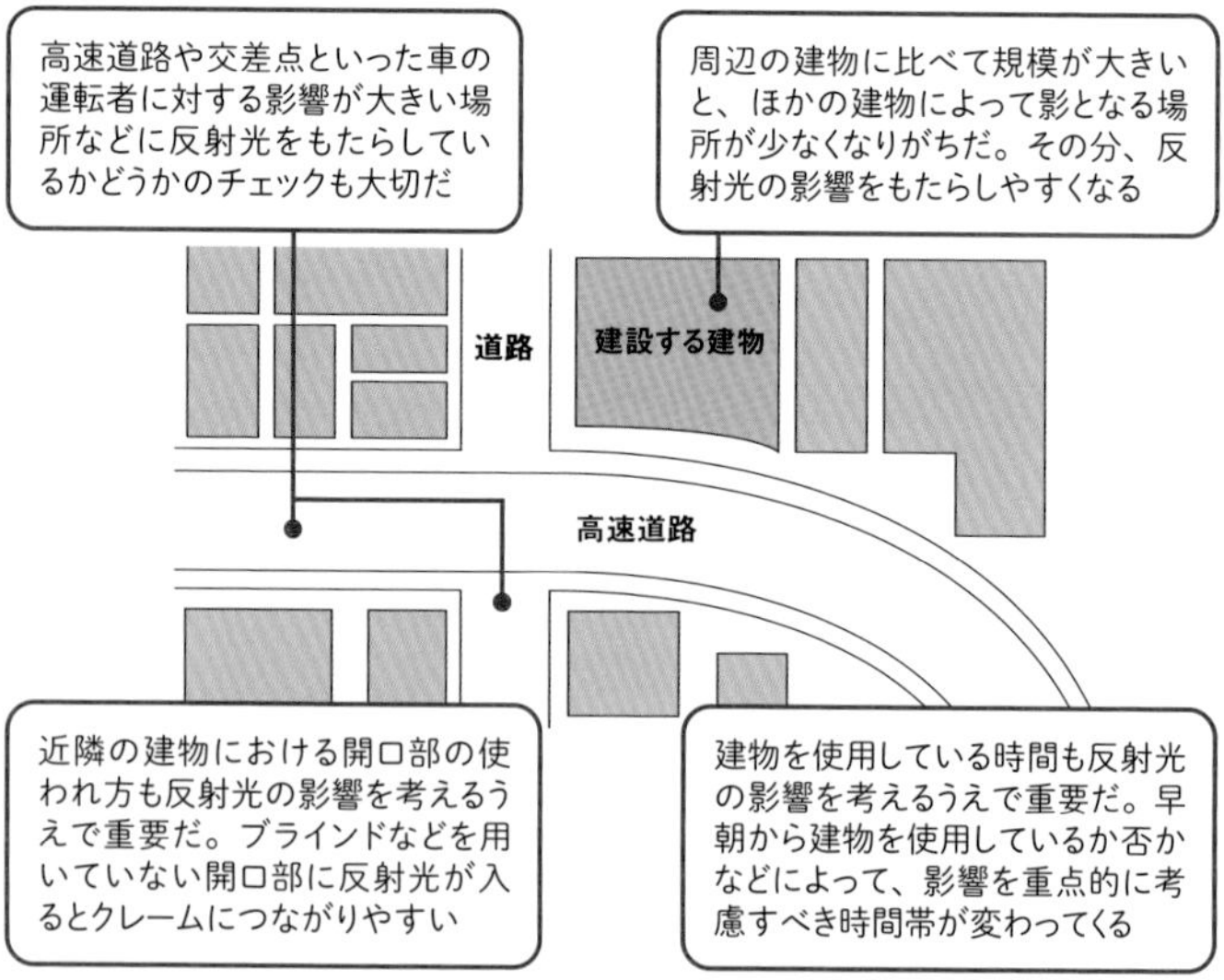
高速道路や交差点といった車の運転者に対する影響が大きい場所などに反射光をもたらしているかどうかのチェックも大切だ
周辺の建物に比べて規模が大きいと、ほかの建物によって影となる場所が少なくなりがちだ。その分、反射光の影響をもたらしやすくなる
道路
建設する建物
高速道路
近隣の建物における開口部の使われ方も反射光の影響を考えるうえで重要だ。ブラインドなどを用いていない開口部に反射光が入るとクレームにつながりやすい
建物を使用している時間も反射光の影響を考えるうえで重要だ。早朝から建物を使用しているか否かなどによって、影響を重点的に考慮すべき時間帯が変わってくる

反射した光が信号の視認性を悪化させる危険性もある。こうした影響をもたらす反射光は、大きな事故を招くリスクを抱える。

トラブル防止術 その4【建材】

反射光の問題で頻繁に話題に上るのはガラスだ。ガラスは種類に応じて反射の度合いが異なる。反射率の大きなガラスの代表格が、熱線反射ガラスだ。ただ、ガラスの種別が変わり、反射率が減っても、まぶしさを防ぐことは容易でない。太陽の輝度は、人がまぶしいと感じる輝度に比べてはるかに大きく、反射率が約30パーセントから約5パーセントに減っても、反射光の明るさは人がまぶしさを感じる強度をはるかに上回るからだ。

しかも、種別にかかわらずガラスの日射反射率は、光の入射角（光が反射する面の法線と侵入する光とがなす角）が大きくなると増す。反射率の低いガラスの採用だけで反射光のトラブルを完全に回避できるわけではないので誤解しないようにしたい。

ガラス面での鏡面反射を事後に軽減する数少ない対策の1つは、フィルムの利用だ。先に示した天神グラスビルディングでも、解決策の1つとなった。足場などが不要であれば対策コストも抑制できる。ただ、ガラスにフィルムを張ると、熱の吸収量が増し、熱割れの恐れが生じる。さらに、フィルムは紫外線による劣化などを考慮して取り替えが必要だ。

荷重条件などを踏まえて、金属屋根を選ぶケースも珍しくない。その際に、資材費の低減や意匠性、高い日射反射率による内部の温熱環境改善などを目的に、金属の風合いを生かした素地材を採用する事例がある。工場などが代表例だ。ほかにも、カーテンウオールなどにアルミをはじめとした金属の建材を用いる例は、枚挙にいとまがない。

金属素地材などは、鏡面反射の度合いが強い。近隣に建物がある場合は要注意だ。素地材を用いて反射光のクレームが出た場合、その度合いが弱ければ、対応を待ってもらう選択肢もある。新品

◉ ガラス種別に応じた可視光特性

ガラス種別	仕様	反射率(室外側)
透明ガラス	8㎜	0.08
	6㎜+空気層12㎜+6㎜	0.15
熱線吸収ガラス	8㎜	0.07
	グリーン6㎜+空気層12㎜+透明6㎜	0.11
熱線反射ガラス	8㎜(クリア)	0.32
	熱反(クリア)6㎜+空気層12㎜+透明6㎜	0.35
Low-E 複層ガラス(遮熱タイプ)	Low-E-6㎜+空気層12㎜+透明6㎜(銀1層)	0.12
	Low-E-6㎜+空気層12㎜+透明6㎜(銀2層)	0.12

板硝子協会が2007年3月にまとめた「建築物における昼光利用照明と省エネルギー」で示した数値に基づいて作成

のアルミ亜鉛合金めっき鋼板の素地材などでは、雨で表面がくすんでくるからだ。

光の反射に伴うトラブルは、ガラスや金属屋根以外の建材でも起こる。一般的なれんがタイルからの反射光が原因となった裁判事例もある。タイルや石などでも、表面を平滑に仕上げた際は鏡面反射の成分が増す。その場合、濃色でも強い反射光を生じ得る。建材を用いる方位や形状、色、仕上げ状況などを複合的に考えねばならない。

内装でも光沢を持った材料を使う場合は気を付けたい。光沢がある内装材に点光源の照明を当てると、強く反射する部分が生じる。目がその強い光に順応し、周囲が暗く見えてしまう事態を招きかねない。

トラブル防止術 その5 [色]

汚れや景観などへの配慮から、屋根には黒をはじめとした濃色系の塗料や建材を用いることが多い。濃色を選べば、通常、可視光を中心とした日射の反射は抑制しやすくなる。それでも、夏季における温熱環境の改善などを重視し、屋根面に日射の反射性能が高い明色の塗装を施すケースがある。

一般に塗装面では光の鏡面反射成分が減り、散乱成分が増す。そのため、反射光を1方向に集中させるリスクは抑制しやすい。半面、光が散乱して明るい部分が広がる。こうした面が大きくなると、視線の移動でまぶしさを避けにくくなる。

広い面のこう配屋根を明色で塗る場合、周辺環境に対して一段の配慮が不可欠だ。先に記したように、濃色でも平滑な仕上げでは鏡面反射の割合が高まる。

塗装色を濃くして室内の温熱環境を改善したければ、遮熱塗料と呼ばれる高反射率塗料の採用が有効だ。

◉ 塗料の明度と反射率の関係

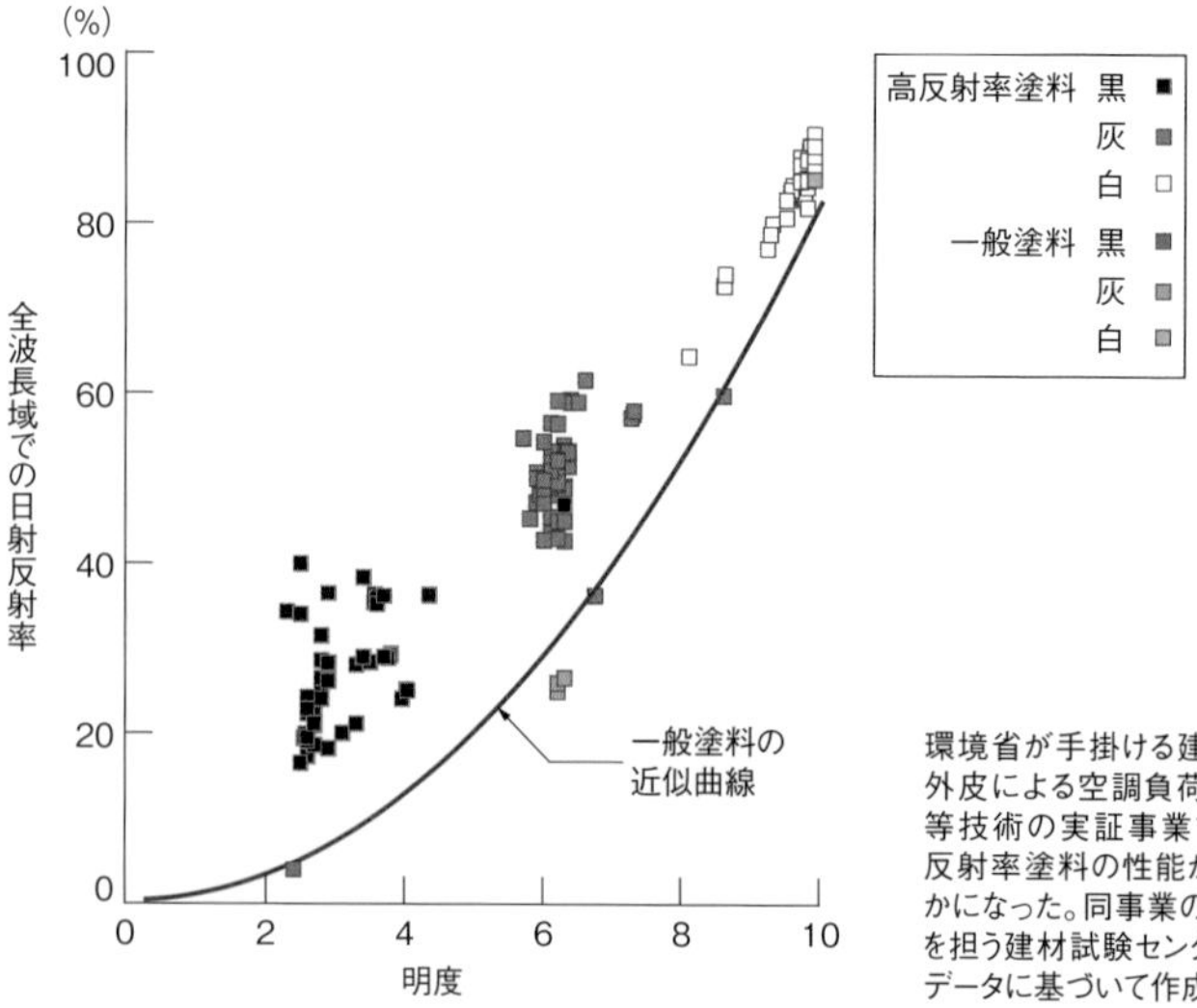

環境省が手掛ける建築物外皮による空調負荷低減等技術の実証事業で、高反射率塗料の性能が明らかになった。同事業の運営を担う建材試験センターのデータに基づいて作成

白など明色を用いる場合は、一般の塗料と高反射率塗料の日射反射率に大差はない。しかし、明度が小さい場合、高反射率塗料と一般の塗料との日射反射率の差は広がる。

金属屋根の場合、熱伸縮による音のクレームを考慮して、明色を選ぶことがある。この場合でも、反射光に配慮しておきたい。

照明効率を上げるために内装で反射性能を高める場合、居住者や施設利用者に対しての配慮が求められる。例えば、明るさが足りないと見えにくくなる半面、まぶしさに敏感な高齢者は少なくない。両者のバランスを考えなければならない。

（注）日経アーキテクチュア2010年2月8日号の特集「『反射光害』の防ぎ方」の一部を再構成。登場する組織、肩書などは取材当時のもの

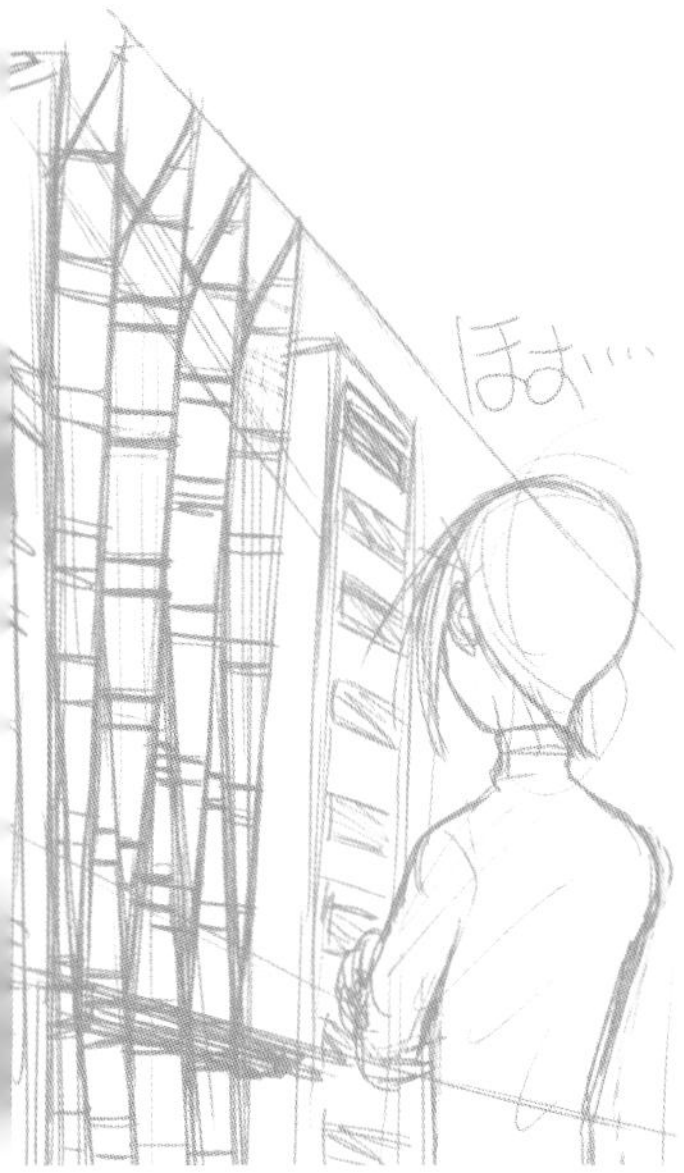

火災も招く反射光害

既に述べたように、建物から反射した光が安全や健康の点で大きな被害をもたらした事例はほとんどない。それでも、深刻な問題を引き起こした例として記憶にとどめておきたい事故もある。反射光がもたらした収れん火災だ。頻度は少ないものの、火災は発生した際の被害が大きくなるリスクが高い。最近でも２０２１年に、東京都三鷹市で住宅の窓ガラスが原因となって収れん火災が発生したという報告が上がっている。日射の反射光問題については、丁寧に対応する必要がある。ここで、東京都内で約30年前に発生した反射光による火災事例などを解説した記事を紹介する。

10秒で発煙に至る収れんの力

東京都大田区蒲田で１９９４年３月25日、歩道に止めていたバイクのシートが焼けた。

原因は、歩道の脇に立っていた地下1階・地上9階建てのビルからの反射光だった。

このビルは南西の角で凹面の形状を採用しており、熱線反射ガラスを設けていた。凹面の半径は約4・6メートルで、バイクは壁面から約2メートル離れて駐車していた。

シートが燃えた翌日、東京消防庁は現場検証を実施。シートが燃えた時刻と推定された午後2時15分ごろに同じ位置にバイクを配置し、座席シートの上に黒のビニール袋を被せた。その結果、ビルの外壁で反射した太陽光がビニール袋上に収れん。約5秒でビニール袋を溶かし、10秒後には穴が開いて発煙することを確かめた。この検証を踏まえて東京消防庁は、建物の凹面状のカーテンウオールで反射した日射がバイクのシートを焼いたと結論付けた。

同ビルでは事故直後に、窓にフィルムを張るなどの対策を講じた。その後、恒久的な対策として、収れんが起こった場所に看板を兼ねた構造物を設置。再発防止を図っている。

収れん火災は、ペットボトルや水晶玉などによってもたらされることがある。火災原因としては珍しい例だ。

東京消防庁における2006年から2017年までのデータでは、同管内で収れん火災が44件起こっている。なかには、建物外壁の凹面反射板によって発生した事例も存在する。

◉ 凹面形状のガラス壁面があだに

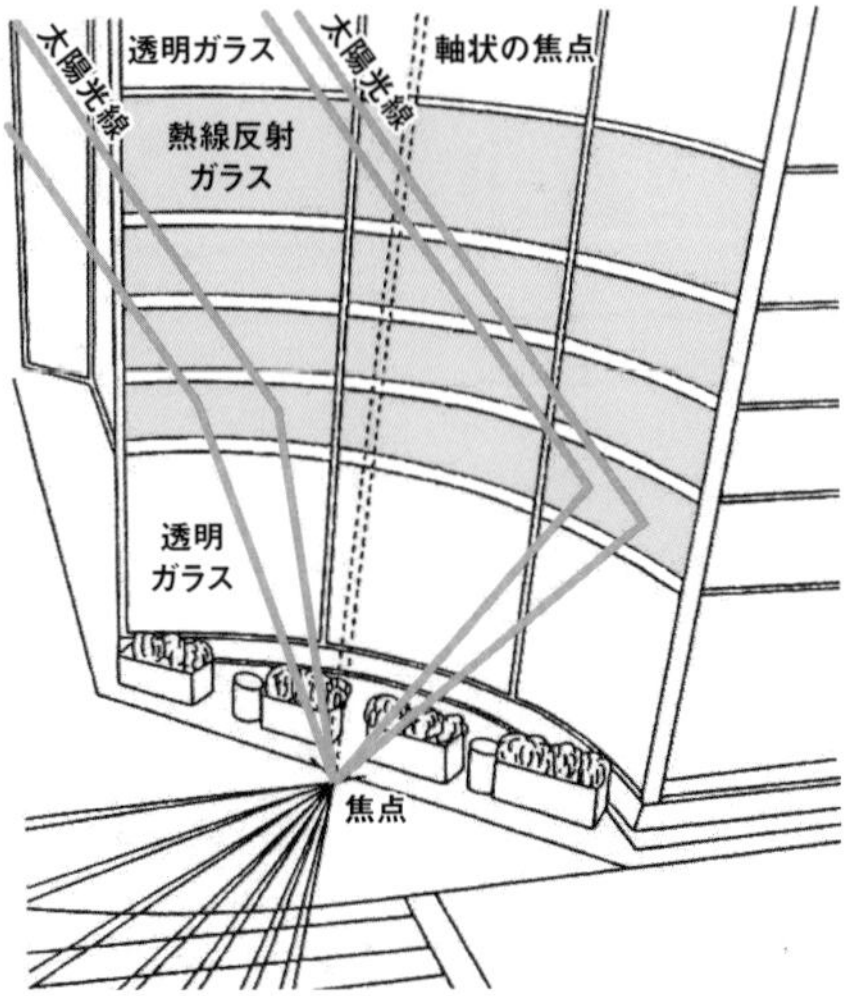
太陽光線
透明ガラス
太陽光線
軸状の焦点
熱線反射ガラス
透明ガラス
焦点

蒲田で起こった収れん火災のメカニズムを表現した図。図中の仕様などは事故当時のもの
（資料:日経アーキテクチュア）

野村證券

1994年に収れん火災を起こした蒲田月村ビル。2009年12月に撮影した。凹面の外壁を持つ。収れんする部分に看板を兼ねた構造物を配置して、バイクなどを駐車できないようにした
（写真:日経アーキテクチュア）

他にも、愛媛県宇和島市内で2007年8月の正午過ぎに酒店の2階で発生した火災は、光の収れんが原因だと推定されている。焼損箇所の下側の外壁に設置していたステンレス製看板の一部が光を収れんさせ、経年で炭化が進んでいた木材への着火を促したとみられている。

酒店では火災の約1カ月前に看板用の電球を交換。その際に看板も磨いており、光を反射しやすくなっていた。事故を受けて、周辺の自治体では看板などによる光の反射を防ぐよう呼び掛けている。同様の火災事例は少ないものの、蒲田での火災事故の知見を将来にわたって伝えることの意義は小さくない。

前述の東京・蒲田で1994年に発生した事故は、建物による収れん火災の代表例として、いまでも記録に残されている。例えば、東京消防庁が監修した「新火災調査教本」では、蒲田の事故を紹介する。同書は、火災調査に役立てる資料として、各地の消防本部などで用いられているという。

（注）日経アーキテクチュア2010年2月8日号の特集「『反射光害』の防ぎ方」の一部に最近の情報を加えて再構成

第8話

糞尿被害

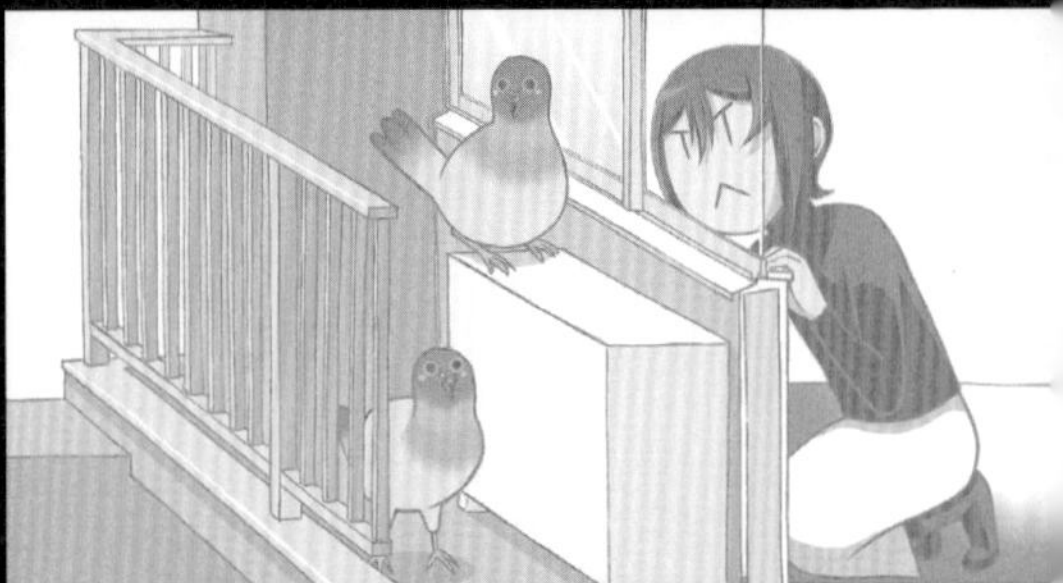

完成後間もなく糞害に遭う

国連で採択された持続可能な開発目標（ＳＤＧｓ）に基づく社会活動が活発になり、ＥＳＧ投資やグリーンインフラの実装といった取り組みが着実に進んでいる。こうした取り組みによって多様な生物が生息し、人が緑や自然を身近な存在と捉えられる都市整備が目立ってきた。一方で、人が生活や経済活動などを展開する拠点である建物とその周辺に生息する生物との関係にあつれきが生じるケースも散見されている。その代表例の１つが、鳥や小動物などによる糞害だ。

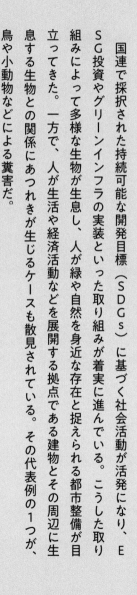

糞による被害は、美観を損ねるといった外見的な事象にとどまらない。クリプトコックス症やオウム病といった感染症に加え、寄生虫による疾病や健康被害をもたらすリスクもある。他方、鳥の捕獲や卵やひながいる巣の撤去などは鳥獣保護管理法で禁じられており、可能な対応策は限られている。

以下に紹介するのは、日経アーキテクチュアにおいて、筆者が企画した特集「都市の新鉱脈は『生物』」で共に取材した瀬川滋記者（当時）が執筆した記事だ。まずは、建物における鳥害対策の難しさを浮き彫りにしたトラブルの事例を振り返ってみよう。

逆こう配だから大丈夫と油断

ここはハトを飼っているのか――。鳥取県倉吉市にある低層の住宅地に、こんな苦情が相次いだ建物がある。県立厚生病院だ。

「最盛期には１５０羽から２００羽がすみ着いていた。糞や羽毛が建物内に入り、食中毒や感染症を引き起こす危険があった」。同病院管財課の神庭清一氏はこう振り返る。２０１０年３月にハトを寄せ付けない抜本対策を実施したところだ。

病院にハトが目立ち始めたのは２００７年５月ごろ。増改築によって、７階建ての診療棟が完成した時期と一致する。「周辺には高い建物がない。これまで橋の下などに暮らしていたハトが、見晴らしのよい場所を求めて集まったのかもしれない」と神庭氏は話す。

ハトが特に好んだのは屋上のヘリポートだ。コンクリート版でできた20メートル四方の着陸床の下が、風雨やカラスなどの天敵を避けて営巣できる格好のすみかと化した。

ハトの卵は2週間ほどでかえる。そして生まれたひなは成長し、数カ月後には産卵できるようになる。繁殖を何代も繰り返すことで、ハトの数は指数関数的に増えた。

果たして設計者は、事前にどれほどの対策を講じていたのか。

診療棟を設計したのは、日建設計と安本設計事務所（同県倉吉市）の共同企業体（JV）だ。ヘリポートは周囲をルーバーで覆って、上に向かうほどせり出す逆こう配形の外観となっている。それゆえルーバーにハトが止まるのは難しく、ルーバー同士のすき間から中には入れない。「設計者はこれで大丈夫だと考えた。

ハトの大群がすみ着いた鳥取県立厚生病院。屋上にヘリポートが見える
（写真:日経アーキテクチュア）

ハトの侵入口を見つけては、ネットなどでふさぐ作業の繰り返しだったという（このページの写真：日経アーキテクチュア）

免震ピットの開口をふさぐベニヤ板

細いワイヤを張ったベランダ

それ以上の対策は検討しなかったようだ」と神庭氏は説明する。

ところが、その考えは甘かった。ハトはルーバーの下端と建物の躯体とのわずかな隙間などから次々と侵入。さらに、ヘリポートだけでなく、地下の免震ピットなどもすみかにし始めたことが分かった。

病院は2008年以降、ハトの侵入口をネットや剣山でふさぐ工事などを相次いで実施。2010年3月に、ほぼすべてのベランダに直径1ミリメートルのステンレス製のワイヤを3センチメートル間隔で張った。その結果、ハトは20羽ほどに激減した。ハト対策に要した費用は総額でおよそ4000万円に達する。県や赤字経営が続く病院が負担した。

設計の段階でヘリポートの隙間をふさぐなど、ハトが最初から病院に集まらない対策を講じていれば、これほどの出費は必要なかったかもしれない。しかし、そもそも県は設計の仕様にハト対策を明示していなかった。とはいえ、「設計者に瑕疵を問うのは難しい」と神庭氏は考えている。

同様の被害は各地で発生している。例えば、JR奈良駅の駅前にある14階建ての奈良市営住宅もほんの数年前まで、長きにわたってハトの被害に悩まされてきた。

15年も「糞害」に悩む

この市営住宅は、同駅周辺の古い密集市街地を解消する目的で建設。黒川紀章氏が基本設計を手掛けて、1992年5月に完成した。再整備する地区にある借家の住民に移ってもらう計画だった。

ところが、事業の進ちょくに合わせて住民の入居が始まったのは、建物の完成から1年後の1993年5月。しかも、当初は180戸のうち40戸ほどしか埋まらなかった。この間、空き住戸のベランダなどに約100羽のハトがすみ着いた。V字形の建物の平面形状と、狭い空間を好むハトの習性との相性がよかった。

黒川紀章氏が設計した奈良市営住宅もハトのすみかとなった。2010年9月に撮影
（写真:日経アーキテクチュア）

その後、入居率がほぼ100パーセントになっても、帰巣本能が強いハトは立ち去らなかった。糞などが落ちて、ベランダに布団や洗濯物が干せない状況が続いた。

そこで、市は様々な対策を繰り出した。まずは2001年、ハトが嫌うとされる磁石を全戸のベランダに設置した。これは効果がなかった。2007年には被害の大きいベランダに金網を張ったが、ハトは隣のベランダに移っただけ。2008年にマンション全体をネットで覆うことで、ようやく被害は収まった。「本来は住民がベランダをこまめに掃除するなど自己防衛すべきものだ。入居時に説明していたが、全戸が徹底できたわけではなかった」。市住宅課の中原達雄氏はこう話す。市が対策に投じた費用は数千万円に上った。

こうした被害を「運が悪かった」と片付けるのは軽率だ。ハトの行動範囲は通常2キロメートルから20キロメートル。建物の立地や形状など、どのような条件でハトが集まるのか、建物単体ではなく都市全体を見渡して検討しなかった報いと捉えるべきだ。

設計者や施工者にとっても、生物の生息環境への配慮を欠くと責任を問われるリスクが高まっている。

（注）日経アーキテクチュア2010年10月11日号の特集「都市の新鉱脈は『生物』」の一部を再構成。登場する組織、肩書などは取材当時のもの

ハトの害…それはとどまる所を知らない！
実際に自宅マンションでハトの害に遭った筆者の経験を交えて描いてみたいと思います

ハトの害が私の自宅マンションで発生し始めたのは築10年目あたりからだったでしょうか
ガラッ
ポッポー!?
えっ、ハトいる?
ぐぬぬぬ…
やんのか? あぁ?
棒などで追い払っても近くの建物からしつこくこちらの方をうかがっています
ハトが狙うのは室外機置き場のような人の目が届きにくい場所
腰窓の所が狙われやすいですね
今日からここを愛の巣とする!
気がついた頃には木の枝や草で巣を作られ産卵されているのです
室外機置き場に網をかぶせても
アミ
室外機
普通に手すりの下の隙間から入ってきます
大胆不敵! 全然効果なし!
はいはい帰りましたよ〜

ハトの害で一番困るのは やはり糞害でしょうか
ポッポー
ポッポッポー
我が家に何か？
お向かいさんが ひどいことに…
忌避スプレー などを試して みましたが 効果は一時的、 または効果なし でした
調べてみると 色々あるけど…
磁石？
超音波？
CDぶら下げ
フーセン
完全にハトに 足元を見られて いる感じです
抜本対策をすべく、 大規模修繕時に網を張りました！
上から下までアミ！
吹抜
EVホール
EV
上から下までアミ！
これでハトの糞害ともおさらば！ 物理的対策に勝るものなし！

と思ったのもつかの間…
あれっ、1階外階段に大量の糞が!?
見上げると最上階辺りに幅約30センチの庇があり、そこからハトが糞をしていました
ふふふ、我々はいつでも戻って来るぞ
何であんな場所に庇を付けたんだ、設計者〜
実際にハトの害に遭ってみて本当に執着の強い生き物だと実感しました
こいつら…
ポッポー
ポッポー
プルプル…
ポッポー
ポッポ
公園で見るだけなら、まだいいのですが…いえ、正直嫌いですけど
ルーバー建築もハト小屋になってしまう恐れが…
ルーバーにしときゃええんやー
あら素敵すきまだらけ
ハト対策ヨシッ!
……
最終的には建物全体に網を掛ける羽目になるかもしれません

鳩《はと》との戦《たたか》いは終《お》わらない!
大規模修繕で鳩害に対応したものの庇からの糞害が続いている…というところで体験談は終わっていますが
いやいや、鳩害は再発しております今の現場をお伝えします
EV
室外機置場
窓
上部庇
こういう平面の部分に
EV
室外機置場
窓
上部庇
ここにアミ
こんなふうに網をかけた場所があります
鳩がフンをする庇
四方ワイヤーに網
立体で見るとこうなっているわけですね
室外機置き場だけカバーすればいいという考え方でした

ところが！
あら お帰りなさい
ただいま！ 今度の家はカラスから守られていていいな
ハトはワイヤと窓の隙間から普通に侵入！ 暮らし始めたのです
抜本対策するならこう！
窓や庇ごと網で覆う 隙間を絶対に作らない
できれば1枚物の網で
上から下まで全面覆えればいいが
無理なら階ごとに窓や室外機置き場を
網1枚で覆いたい
修繕費がたまるまではしばらく辛抱です
ポッポー
ポッポー
ハトを甘く見てはいけない！ ぜひご参考にどうぞ

構造物にも糞尿が悪影響

鳥の糞害がもたらす悪影響は、生活や療養時に考慮すべき衛生面や、美観の問題だけではない。続く事例として、糞害がもたらす構造物への悪影響について紹介する。まずは以下で紹介する記事で、その実例を見てみよう。著者が日経アーキテクチュアで報じた短いニュースの一部だ。

糞で崩落した天井パネルで４人負傷

２０１０年10月9日午後6時50分ごろ、愛知県豊橋市広小路に位置する商店街で、歩道上部に設けた屋根の一部が落下。通行者が下敷きになるなどして、４人が軽傷を負った。屋根に設置していたアルミ製の天井パネルが、高さ約３・５メートルの位置から幅約３メートル、長さ約20メートルにわたって落ちてきた。

アルミパネルが崩落した事故現場の様子（写真：下も豊橋市）

アルミパネルとともに大量のハトの糞などが落ちてきた

屋根の上部は折板としま鋼板を並べたような構造となっていて、両者の間には排煙用の隙間を設けてあった。隙間には樹脂製のネットを張っていた。この屋根上部からアルミパネルを吊って天井としており、屋根上部と天井パネルの間には空洞があった。

事故当時、アルミパネルの上には、厚さ約30センチメートルにわたってハトの糞やほこりなどが堆積している状態だった。事故直後の現場は一見すると土まみれの状態に見えたという。市では、ハトは屋根上部に設けた隙間から侵入したとみている。アルミパネルの上には巣の形跡もあった。金属製の天井だったので、下からの目視によって糞などがたまっている状況を確認することができなかった。事故が起こった現場では強い雨が降っていた。市土木管理課では「激しい雨が隙間から吹き込んで糞などに染み込んだ結果、アルミパネルにかかる荷重が増加。パネルがたわんで落下に至った」と推定している。

（注）日経アーキテクチュア2010年11月8日号に掲載したニュース記事に基づく。登場する組織、肩書などは取材当時のもの

水管橋崩落事故やドローン墜落でも鳥に注目

この短い記事では糞の重さなどによる天井材の崩落を報じているが、荷重の増加以外に

も糞尿が構造物にもたらす悪影響はある。腐食だ。

近年発生した構造物の破損事故で、鳥の糞尿が劣化要因の1つに挙げられた事例がある。2021年10月3日に和歌山市内で発生した水管橋崩落事故だ。同市内へ水を供給するための六十谷水管橋で起こった。

和歌山市企業局が2022年9月に破損事故の調査結果などをまとめた報告書では、鳥の糞などの付着物によって錆の発生が促進されたり、腐食の進行度が高い右岸側で糞の量が多かったりしたと指摘されている。鳥の糞尿にはアンモニアや酸の成分が含まれている。長期間の堆

216ページへ

2021年10月に和歌山市内で水管橋の崩落事故が発生した。事故調査結果をまとめた報告書では、鳥の糞などが多い場所で、腐食の進行度が高かったと指摘している
（写真：国土交通省和歌山河川国道事務所）

建物どころかインフラも脅かす鳥の糞！
糞の重みで天井落下！
やだー！
落下した水管橋では鳥の糞によって腐食が進んだ箇所も
何か効果的な対策はないのでしょうか？
ちなみにハトは鳥獣保護管理法で守られ殺傷は許されていません
ポッポー
ポッポー
ポッポー
ポッポー
ポッポー
繁殖力が強く、様々な寄生虫や菌の媒介者にもなるハト…こちらが防衛する以外に改善策はないのです

ドローンなどを使って追い払うようなサービスが新たに生まれてきそうですね
はいはい、ハトさんあっちに行ってね
あぁ？やんのか？
でもハトなど頭のいい鳥は多いのですぐに慣れてしまうと思います
人間からは簡単には攻撃を受けないと分かっていそうです
道を歩いていても、よけてくれませんし…
やはり、抜本的な対策には法改正が…
ここは1つ、矩子が一肌脱いで！
矩子が当選した暁にはハトを害獣にします！
なーんて事になるかも…

積は腐食を招く要因となる。

水管橋の崩落につながったとされる吊り材の腐食理由としては、飛来塩分や水の影響も指摘されている。糞尿が事故の主因である可能性が高いとまではいえない。それでも、報告書では鋼材腐食の状況と橋へのカワウの飛来状況を踏まえ、鋼材腐食との間に関係性があることは「確か」だと言及した。

生き物の糞尿がもたらす金属腐食に関しては、標識などを支える金属柱の腐食の一因として犬の尿がクローズアップされることがある。信号や照明、道路標識などが倒壊した原因として犬の尿が疑われた事例は少なくない。国土交通省が2017年7月にまとめた「屋外広告物の安全点検に関する指針（案）」では、建植看板について、犬の尿で支柱根元の腐食が促進されるリスクを指摘している。

◉ **2021年内に生じた鳥との衝突が原因と考えられるドローンの墜落事例**

発生日	場所	メーカーと機種	事故内容や事故分析結果
2021年2月19日	静岡県	DJI社製 Phantom 4 Pro V2.0	空撮飛行中、鳥の急接近に対応が間に合わず、接触して羽が折れて墜落。人に対する被害は出ていない
2021年7月20日	北海道	DJI社製 Mavic 2 Zoom	河川に架かる橋の現況調査のための飛行中に鳥に衝突して川に墜落。機体を紛失した。人に対する被害は出ていない
2021年8月6日	静岡県	DJI社製 Phantom 4 Pro	空撮飛行中に電波が途切れて海上で墜落、機体を紛失した。鳥との衝突が原因の可能性がある

国土交通省の資料に基づいて作成

糞尿とは異なるものの、構造物と鳥との関係では近年、新しいトラブルが発生している。インフラ構造物の点検などで利用が拡大しているドローンとの衝突だ。２０２１年には、鳥が要因と考えられるドローンの墜落事例が少なくとも3件確認されている。生物と建物やインフラ施設との関係について、改めて深く考えなければならない局面が訪れている。

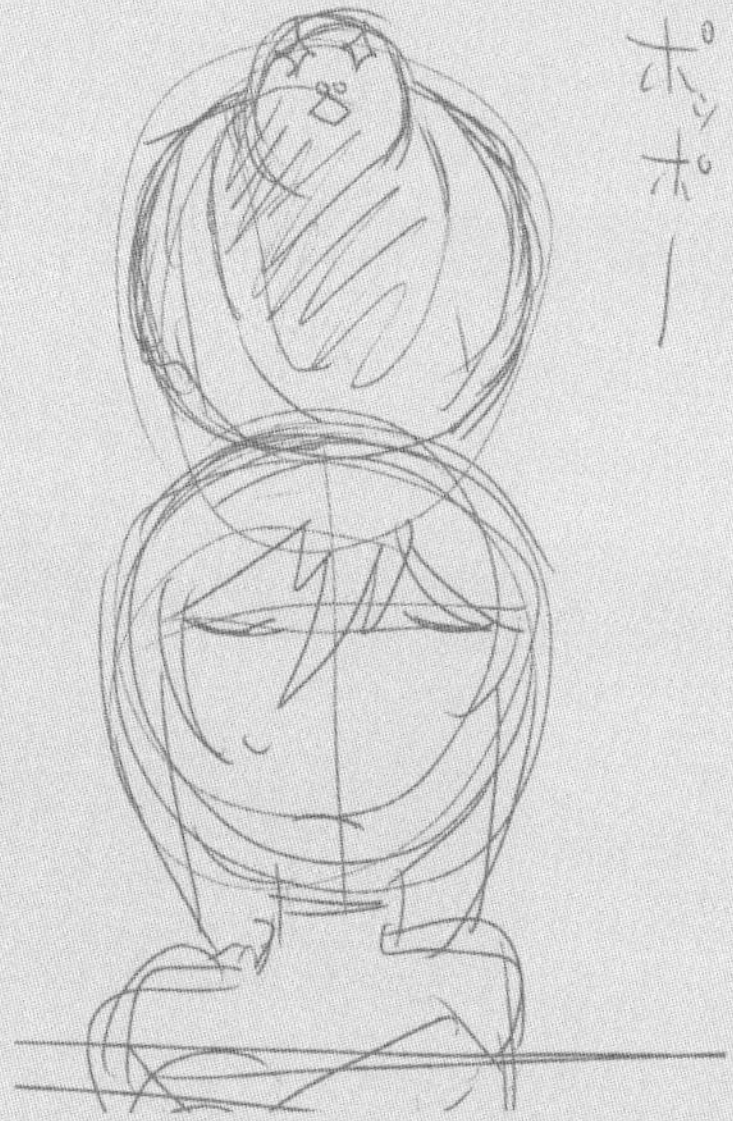

第9話 シックハウス

頭打ちのシックハウストラブル

今から20年ほど前、シックハウスが社会問題として大きく取り上げられていた。住宅内で多量の有害な化学物質の暴露を受け、体調が悪化する人が続出したためだ。社会的に問題が認知された結果、一部の化学物質については法令で規制されて建材における化学物質対応の表示制度が推進されたり、厚生労働省が室内環境における化学物質濃度の指針値を示したりするなど、対応が進んだ。

その後、次第にシックハウスを中心とした化学物質の問題は沈静化してきた。それでも、問題が解決したわけではない。消費者から寄せられるシックハウス問題への対応を続けてきた住宅リフォーム・紛争処理支援センターが２０２３年に公表した２０２２年のシックハウスに関する問い合わせ件数は、前年に比べて増加傾向にあった。

化学物質への規制などが進んでも問題がなくならない理由の1つは、原因となる物質が無限に存在する点にある。個別の物質を追いかけることの限界を踏まえ、健康被害の要因となり得る揮発性有機化合物の総量であるＴＶＯＣに焦点を当てる取り組みも出てきた。

その背景を知るために、まずは２００９年に取材した以下の記事を見てもらいたい。

健康異常が出ても見つからぬ原因物質

熊本学園大学は２００９年４月に化学物質を巡るトラブルを公表した。２００７年３月に完成した14号館を同年９月から学生が使い始めたところ、大学院生がシックハウス症候群とみられる症状を申し出たのだ。その後、大学が調べた結果、体調不調を感じた生徒と職員は、計39人に達した。同大学が学生から体調不良の訴えを受けた２００７年９月以降に実施した室内の空気質調査では、文部科学省が学校環境衛生の基準で定める６種類の化学物質のうち、基準を超えたものはなかった。

半面、14号館５階の講義室では２００７年９月に８１３マイクログラム毎立方メートル、翌年５月に９８３・７マイクログラム毎立方メートルのＴＶＯＣを計測。厚労省の暫定目標値４００マイクログラム毎立方メートルを上回った。同大学は調査を続けているものの、２００９年８月24日時点でトラブルの原因は不明のままだ。健康被害が生じた場所として

熊本学園大学14号館の外観。換気のために窓を開けている様子
(写真:日経アーキテクチュア)

◉ 熊本学園大学14号館の講義室145Eにおける空気質の測定結果

	2007年	08年					09年
	9月26日	2月22日	5月21日	8月11日	12月11日	12月29日	4月16日
外気温(℃)	31.0	12.4	24.1	35.5	14.8	12.0	22
TVOC(μg/m³)	813.0	247.4	983.7	311.0	63.0	131.0	14

2008年12月29日のデータは、換気の改善やベークアウトを実施した後の測定値。赤字は厚生労働省が定める暫定目標値400μg/m³を超えた部分

◉ 小向小学校での化学物質の測定状況

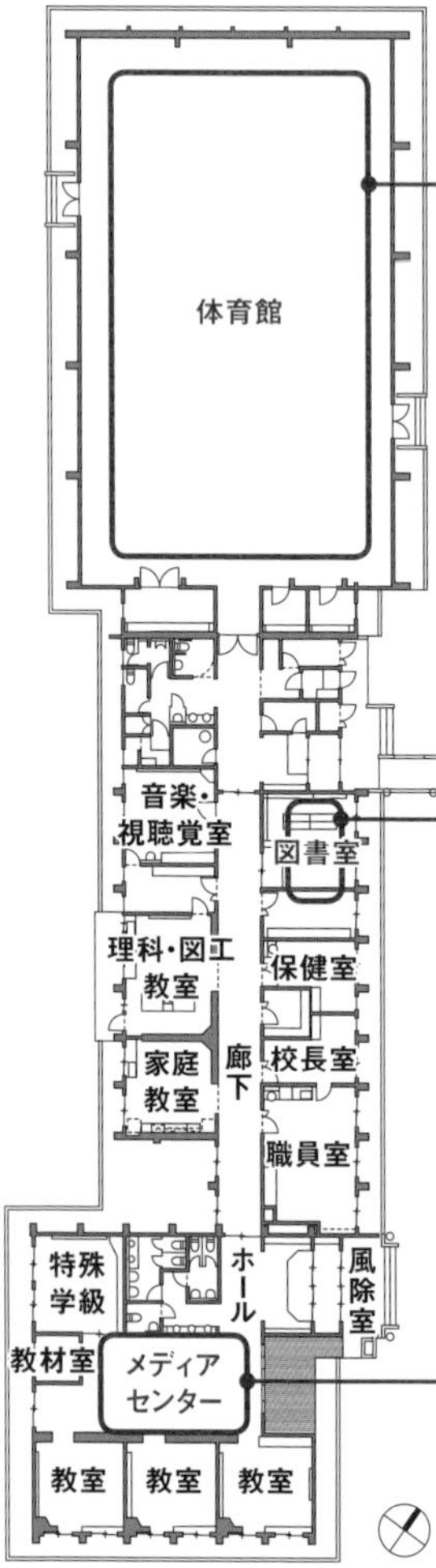

体育館。小向小学校の事業費は約3億9900万円だ

図書室。2007年7～8月の測定でテキサノールがほかの化学物質に比べて高い濃度で検出された

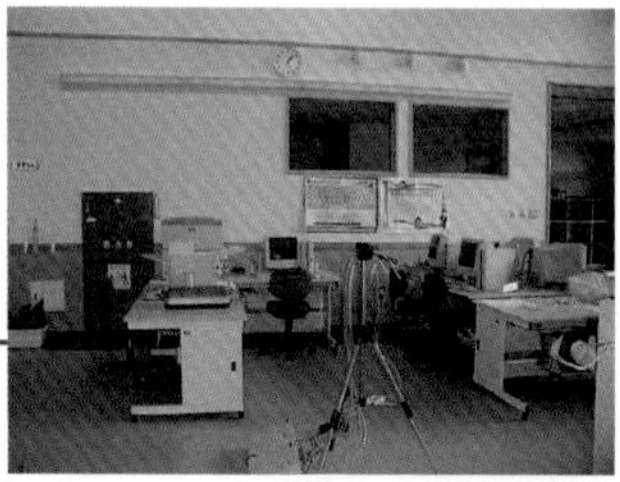

メディアセンター。小学校全体では、化学物質の測定などの対策に約500万円を要した

（このページの写真：北海道立衛生研究所）

疑われる5階の講義室などは、同日の段階で使用を見合わせている。

原因物質を見つけにくい一因が垣間見える事例がある。北海道紋別市立小向小学校で起きた健康被害だ。2006年11月に完成した新校舎で、2007年2月までに生徒10人と教職員3人がシックハウス症候群と疑われる症状を訴えた。1月中旬に建物の使用を始めて、約半月後のことだった。

建物の竣工直後の2006年12月に、学校環境衛生の基準で定められた6つの化学物質の濃度を測定したところ、いずれも基準値以下だった。その後も、暖房を入れて化学物質の放散を促しながら測定するなどしたものの、厚労省が指針値を定める13種類の化学物質のうち、指針値を上回る物質は検出できなかった。

◉ 小向小学校の完成後に化学物質濃度を測定した際の値

化学物質名	室ごとの測定値(ppm)			基準値(ppm)
	メディアセンター	図書室	体育館	
ホルムアルデヒド	0.01	0.01	0.02	0.08
トルエン	0.01	0.02	0.01未満	0.07
キシレン	0.02	0.01未満	0.01未満	0.2
パラジクロロベンゼン	0.01未満	0.01未満	0.01未満	0.04
エチルベンゼン	0.01未満	0.01未満	0.01未満	0.88
スチレン	0.01未満	0.01未満	0.01未満	0.05

基準値は文部科学省が学校環境衛生の基準で定める数値。2006年12月18日〜19日にかけて測定。測定時の温度は5℃。紋別市への取材に基づき作成

対策が難しいトラブルの代表とも言える「シックハウス」
ゴーホ
ゴホゴホ
対策を難しくする原因として目に見えない物質が相手という点があるでしょう

さらに対策を難しくしているのが
症状が出る人と出ない人とがいること
密室殺人？
シックハウスの症状は目に刺激を感じる、鼻水、涙、咳、頭痛、目まいなど様々
治った！
原因となる建物の外へ出ると症状が軽くなったりなくなったりします
シックハウスの原因として考えられているのが塗料や接着剤に含まれる有機化合物これが揮発して空気中に漂い出し呼吸で体に取り込むと体調不良になると考えられています
塗り直しが利く塗料よりも長期的な効果を期待される接着剤の方が有機化合物の添加が多いかもしれません
接着剤
現代はあらゆるところに接着剤が使われています
タイルや石こうボードをコンクリートに貼るのも接着剤
タイル
石膏ボード
接着剤
ボンド
合板
集成材
建築材料の合板や集成材も木と木を接着させたものですね

⚡水性塗料内の成分が空気中に

原因を把握できなかった市は、北海道立衛生研究所に相談。同研究所が2007年6月から測定対象を拡大して空気質を調べた。同研究所が高機能の機器を用いて分析した結果、2,2,4―トリメチルペンタン―1,3―ジオールモノイソブチラート（以下、テキサノール）と1―メチル―2―ピロリドン（以下、ピロリドン）が、ほかの化学物質に比べて多く放散されていると突き止めた。6月の測定では、体育館中央部で1024マイクログラム毎立方メートルのピロリドンを、図書室で292マイクログラム毎立方メートルのテキサノールを、それぞれ検出した。

同研究所健康科学部生活保健科長の小林智氏は、測定の難しさを説く。「民間の調査会社などが、何も当てがない状況でこれらの物質を探し出すことは、測定機器やコストなどの問題を考えると難しいだろう」。

新たに検出された物質を含む建材などについてMSDS（製品安全データシート）で確かめたところ、テキサノールとピロリドンは水性塗料に含まれていた。国内大手メーカーのF☆☆☆☆表示（建材においてホルムアルデヒドの発散量が最も少ない等級）の製品だった。これらの化学物質は、増膜助剤などの役割を担う。特殊な水性塗料だけに使用される物質ではないという。

７月と８月にも測定を繰り返したところ、２物質の濃度は高い状態だった。テキサノールについては、濃度が最大で５０８マイクログラム毎立方メートルに達する室もあった。

◉ 室と化学物質濃度の関係

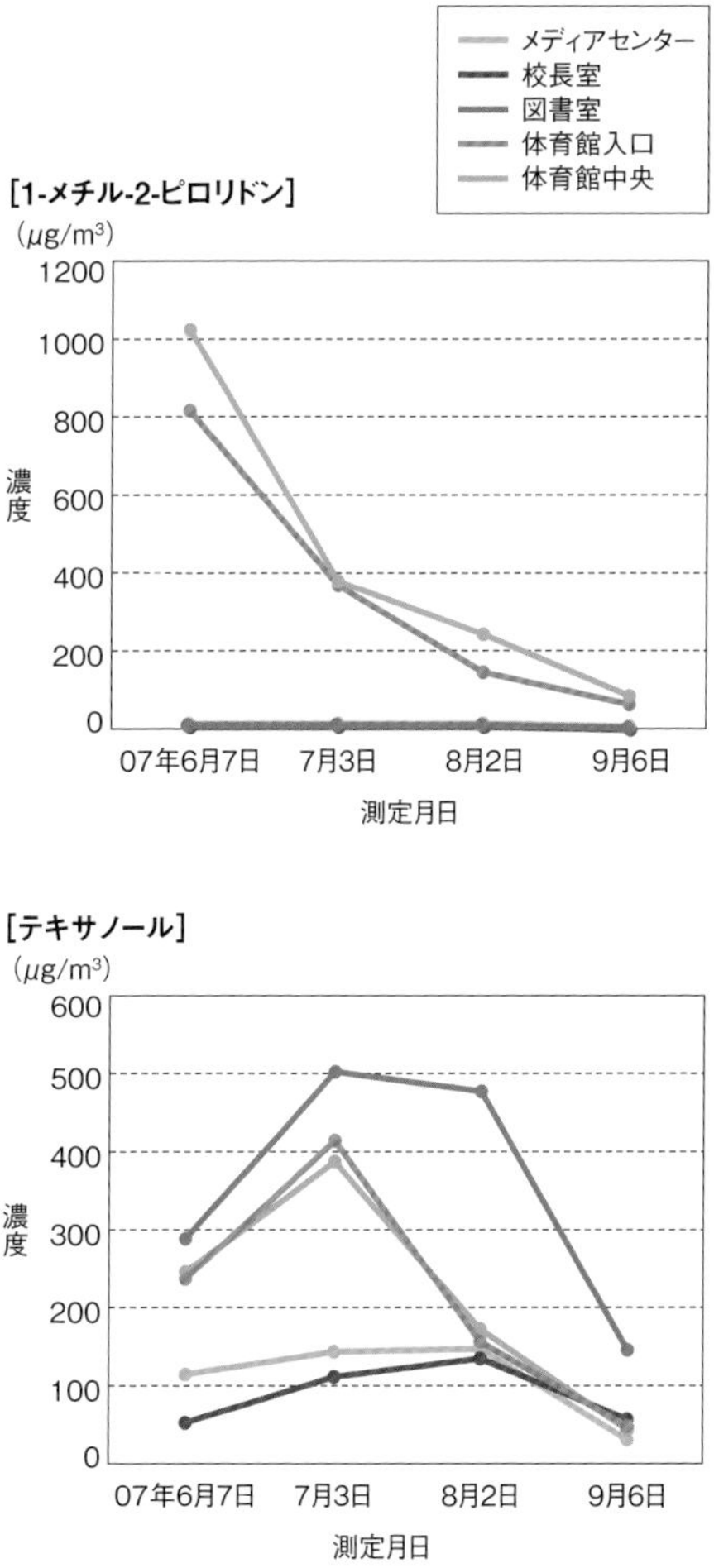
メディアセンター
校長室
図書室
体育館入口
体育館中央
[1-メチル-2-ピロリドン]
(μg/m3)
1200
1000
800
600
400
200
0
濃度
07年6月7日
7月3日
8月2日
9月6日
測定月日
[テキサノール]
(μg/m3)
600
500
400
300
200
100
0
濃度
07年6月7日
7月3日
8月2日
9月6日
測定月日

北海道立衛生研究所が調査した結果。同研究所の資料に基づいて作成。測定時の室温はいずれも20～25℃前後生徒などが移動した代替の建物内の空気質と比べても、これらの物質の濃度は高かった。加えて、移動先の建物では生徒などの健康被害をおおむね抑制できた。

そのため、同研究所ではこれらの化学物質が健康被害をもたらした恐れが大きいと判断した。

トルエンやキシレンなどを溶剤として用いない、いわゆる水性塗料は、近年、安全性への期待などから使用頻度が高まっている。小向小学校の設計を担当した二葉設計事務所の小倉治郎代表は、次のように語る。「これまで設計した数多くの建物で水性塗料を使ってきた。だが、小向小学校のようなトラブルは一度も経験していない。健康被害の話を聞いた際は、建物以外の原因だと思った」。

「機械換気だけでは限界」

同小学校では第1種換気（給気も排気も機械式換気で実施する方法）を採用していた。各室の設計上の換気回数は1時間当たり0・47〜3・04回。建築基準法で定める1時間当たり0・3回を上回るように設定していた。

しかし、この換気は、校舎完成から間もなく迎えた年末年始には使用していなかった。さらに小林氏は、次のように指摘する。「校舎を使い始めるまでの冬は気温が低く、化学物質の揮発量が少なかった。使用開始に伴って暖房を入れた結果、急激に揮発量が増えた。機械換気だけでの空気質改善には限界があった」。

トラブル発生後、市は窓開け換気を開始。夏休みには強制的に加熱して化学物質を放散させた。その結果、2007年9月に測ったTVOCの濃度は、最大で204マイクログラム毎立方メートルまで下がった。

それでも校舎を本格的に使用できたのは2008年4月だった。「短時間、校舎内に入ってもらうなど健康への影響を確認しながら慎重に対応してきたからだ」と、紋別市教育委員会の佐々木隆之施設課長は振り返る。

代替物質には未知のリスクも

前述した2校の事例は、健康被害を招く恐れがある想定外の化学物質の存在と、その特定の難しさを浮き彫りにしている。

安全だと考えて住宅を含めた様々な場所に用いてきた水性塗料が、トラブルの原因だと推定された事実を踏まえ、千葉大学医学部で屋内環境における化学物質の問題を研究する森千里教授は警告する。「特定の化学物質に対する規制などができると、代替物質を用いた建材が生まれる。新たな化学物質が人体に与える影響は未解明のものが多い。代替物質も含めた化学物質全体の削減が、本質的な解決策になる」。

化学物質による健康被害の防止を図るには、化学物質の抑制とは異なるアプローチも不可欠だ。例えば、建物の使用者の体質や健康状態などの情報を確かめて設計を進めることは、1つの方策だ。注文住宅など、事前に建物の使用者が明確な場合には、有効な手立てになるはずだ。

熊本学園大学や小向小学校では、完成後に24時間換気を続けていなかった。これはトラブルの主因とは限らないものの、換気への配慮は忘れてはならない。建設時から換気を心掛け、引き渡し時に建て主などに念入りに換気するよう指導することも重要だ。

建物が寒い時期に完成する場合、完成直後の暖房使用時や最初に迎えた夏に、多量の化学物質が建材などから放散されるリスクも覚えておきたい。事前の暖房使用も、化学物質の存在を確かめる方策になる。

F☆☆☆☆など品質のごく一部を記したラベルだけを妄信せず、建材の特性や換気の重要性などを知る——。室内空気質の改善に向け、こうした基本に立ち返ることが、改めて建築実務者に求められている。

（注）日経アーキテクチュア2009年9月14日号に掲載した「『化学物質対策』に潜む死角」に基づく。登場する組織、肩書などは取材当時のもの

カビもシックハウスのリスクに

ここまで解説してきたのは、化学物質によるシックハウス問題だ。だが、室内空気環境がもたらす問題の原因は化学物質だけでない。湿気などに起因して発生するカビなども健康被害の原因となっているとみられている。

例えば、秋田県立大学の長谷川兼一教授らのチームが2017年度から2019年度に実施した研究調査がある。カビや結露などが住宅内で生じるリスクと健康状態の関係について、小学生以下（3歳から12歳）の子どもがいて、現在の住宅に1年以上居住している人を対象に調べた。

234ページへ

建物自体だけでなく、家具もシックハウスの原因となります
合板が使われているものが多いですしもちろん塗料や接着剤も…
動かせない建物と違って、家具は対処しやすいのが助かりますね
しばらく外に放置して化学物質が抜けるのを待つというのも1つの手段
北国生まれの矩子としては窓の結露はありふれたもので冬の風物詩
でも考えようによっては結露も体調不良の原因になります
カビの温床になったりしますからね
高気密な建物は湿気も逃げにくいので換気などで対策したいですね

ここまでの話は高気密な建物であるが故の問題でした
外気が流入しにくいので建材や家具から発生した有害物質が部屋にこもりやすいのですね
筆者は風呂なしの木造アパートの1階に住んでいました
もちろん気密性はとても低い建物です
ではシックハウスとは無縁かというとそういうことでもなく……目の前にある駐車場の車がエンジンをかけると排気ガスのにおいが部屋に充満してしまい……
はやく出発してくれい
ガスの侵入経路がサッシなのか壁の隙間なのか、はたまた床下の通気口なのか…、全部かもしれませんが気密性のない建物でも体調不良の原因になり得るという例でした
さて、もしシックハウスが発生したらどうすればよいのでしょうか
学校や職場なら対策が取られるまでリモートでもよいかもしれませんが
念願のマイホームだったら目も当てられない…
どうしましょう?

2579世帯の4182人を対象とした調査では、住居におけるカビや結露のリスク状況を簡易的に評価。その結果を4段階で区分けして、その住宅に居住する人の呼吸器系の疾患の有無を基に評価した。この研究では、医師が呼吸器系アレルギー疾患と診断した居住者がいる場合と呼吸器系症状を自覚する居住者がいる場合を有症とみなしている。

その結果、カビや結露の程度が悪い住宅ほど、鼻や喉の症状を訴える人の割合が増える傾向にあった。カビなどの発生程度の最も低い住宅の居住者と高い住宅の居住者での症状発生の確率は2倍から4倍程度違っていた。

カビについては、それ自身が呼吸器や皮膚などで増殖したり、カビが生み出すカビ毒やカビの胞子や菌体に対する過剰な免疫反応といったことが影響したりして健康被害を招く場合がある。さらに、これだけでなく、カビの代謝物質である揮発性有機化合物が健康被害を招くケースもあると考えられている。

通気が悪い部位でカビが発生し、住宅内で健康被害を訴える人が出る事例は珍しくなくなりつつある。建物内の空気環境のリスクは見落とされがちだが、トラブルが発生した場合の対策に時間を要するケースが多いだけに、建物のつくり手側も使い手側も十分に留意しておくことが大切だ。

はやく出発
してくれい

第10話

注意すべき
4つのデザイン

深層を探らねば事故は繰り返す

建築物を巡る事故はなぜ起こってしまうのか。そして、同種の事故がなぜ繰り返されるのか――。

ここまでに紹介してきたように、事故の原因をひもとけば、建物自体や建物に使われる建材・設備といった製品に欠陥があるケースもあれば、建物自体や建物に使われる建材・設備に欠陥があるとまでは言い難いケースもある。

一方、人の責任に目を転じれば、建物の利用者の責任が軽くないケースもあれば、利用者に責任を問うのは酷なケースもある。建築物における事故やトラブルの責任を建物側や利用者側といった視点で、単純な二者択一の構造に落とし込んでしまうのは、かなり乱暴な議論となる恐れがある。大半のトラブルでは要因が複合的に絡み合っていて、1つだけの要因で片付けてしまうと本質を見誤る恐れが大きくなるからだ。

また、事故やトラブルを防ぐうえで大切なのは、不特定多数となるケースが少なくない建物利用者の人間工学的な特性について、建物を設計・施工する立場の人が十分に踏まえ、

安全に配慮した設計・施工や製品選びを進めることだ。そして、設計・施工・販売などを担う人から建物を利用する側の人に対して、建物に潜むリスクを事前にしっかり伝えて理解してもらうよう努めなければならない。

ここでは、建物の作り手側と使い手側が相互に理解しておきたいトラブルの根本的な要因となり、注意を要する4つのデザインをまとめる。これまでに紹介してきた事例などと突き合わせて見ていくと、危ない建築デザインに対する理解が深まるはずだ。

「誘うデザイン」というリスク

米国の知覚心理学者であるジェームズ・J・ギブソンが示した「アフォーダンス」という考え方がある。「環境が人間に対して提供する」という意味を持つ概念だ。例えば、膝の高さくらいの平たくて大きな岩があるとしよう。この岩は「人がそこに座る」「人がそこに物を置く」「人がその上に登って遠くの景色を眺める」といった行為を自然に促す。このような物が人に対して促すような状況をアフォーダンスという概念で表現するのだ。

後に米国の認知科学者であるドナルド・アーサー・ノーマン氏が、物と人との関係性をデザインの力で誘導する考えを「シグニファイア」と表現したが、建築物にまつわる物体や環境が事故を誘発することとは、ギブソンが提示したアフォーダンスに近いだろう。

本書の事例でも紹介している開口部から子どもが転落した事故で、窓側にベッドを配置していたケースは、子どもによる開口部でののぞき込みの行為を誘発してしまう。子どもの自然な好奇心をくすぐる組み合わせだからだ。だからこそ、類似の事故が過去に何度も何度も繰り返されている。

大人であれば、高所からの開口部ののぞき込みに対して危険や怖さを感じる。他方、まだ経験の浅い子どもにとっては好奇心をそそられる行為となる。身体を制御する能力が限られた幼児であれば、その行為のもたらすリスクがさらに高まるのは自明だ。

自動ドアの事例では、ドアの配置が悪いとドアへの斜めからの進入を誘発し、ドアの開閉が間に合わなくなって事故に至るという実情を伝えた。大人も子どもも人は近道となる動線を選ぶという特性を理解して自動ドアの配置やその手前までのアプローチをどう考えるかが重要だという点は、事例紹介の部分で言及した通りだ。

吹き抜けを囲む手すり壁部を平たんに仕上げると、その周囲に立つ人が何の気なしに物を置くリスクが高まる。物の落下による事故を防ぐために、手すり壁の上部を物の置きにくい傾斜や曲面で仕上げる予防策を講じる事例は珍しくなってきた。

建物やその建材などが誘い込むのは、何も人間だけではない。本書では鳥などによる糞尿被害の事例を取り上げたが、建物の形状や建材の配置は動物を建物に自然に誘い込む。ここなら雨風をしのいでヒナや子を育てやすい、天敵から身を守りやすいといった動物が持つ本能による判断が、人に対する被害をもたらした。

建築物の設計や施工を手掛ける際には、こうした「誘うデザイン」に対して十分な配慮が必要だ。少なくとも、本書で取り上げたような過去の失敗については、人や動物の行動心理をよく考え、建物内の動線設計や開口部配置といった点で繰り返さないようにしなければならない。様々な機能的な要求によって設計面で制約が加わるケースは少なくないものの、そうした点を踏まえたうえで可能な対策を検討し、講じておくことが大切だ。

リスクまで「消すデザイン」の罪

建築設計では、建物内の様々な建材などをスッキリ見せようとする傾向がある。無骨な空間よりも洗練された、余計なものが目に入らない空間を好む人が多いからだ。そうした空間の方が、家具なども配置しやすく、機能性が高いケースも多い。この際に用いられるのが、「消す（消える）デザイン」だ。建材や設備などを居室のデザインに溶け込ませて存在感を消すことで、空間を広く見せるような効果を期待できる。

視覚にやさしい散乱光を居室内に取り込みたいという意図で設ける乳白色の天窓やガラス天井、事例で紹介したボールの衝突による割れを防ぐために天窓の代わりに配したアルミ製パネルは、先に紹介した「アフォーダンス」を内包しつつ、消す（消える）デザインにも該当する。機能性を求めた結果がもたらした消すデザインだ。

例えば、透明ではない固めの素材は、下にある空間が見えなくなると、子どもに気軽に上に乗れるというイメージを与えてしまう。下が見えないことによって、上に乗っかるリスクを見失わせるだけでなく、体重を掛けることへの抵抗感を奪い取ってしまう。

ガラスに代表される透明のデザインも事故を招きやすい。透明は存在を消す代表的な手段だ。自動ドアでは開閉のスピードと接近するスピードとの差でぶつかる事故だけでなく、開閉部ではない透明部にぶつかる事故が存在する。内外の区画の存在に気づかないために衝突するのだ。開放的な空間をもたらす半面、その存在を消すことでリスクを生んでしまう。近年では、ガラスの存在をあえて示すために、ガラス面に有色のラインを入れるなど

ガラス壁への衝突を防ぐためにラインを引く事例は珍しくなくなった（写真:下も日経クロステック）

階段の段鼻（階段の踏み板の先端部）が明確になっていないと段差の認識が困難になる

して、その存在をアピールする取り組みも広がってきた。

死者数が交通事故を上回るトラブルとして紹介した同一平面における転倒事故の要因として、この消す（消える）デザインが浮かび上がるケースは少なくない。同一平面内に1段だけの段差を設けるようなケースは、その代表例といえる。広い空間内に潜むたった1つの段差は認識しにくい存在なのだ。

人は通常、一定のリズムで歩行する。1段だけの段差はそのリズムを狂わせる。段差についてさらにいえば、1段の段差だけでなく、階段でも複雑なリズムで歩かせるようなデザインはつまずきや踏み外しといった事故を招きやすい。段差の大きさや踏面（階段の平面部）の幅を一定にしない事例は転落や転倒のトラブルを誘発する。北海道新聞は2023年4月、2022年度に札幌市内にあるコンサートホール「Ｋｉｔａｒａ（キタラ）」の階段や段差で転倒事故が増えたと報じている。同ホール内の階段は踏面の幅が長い段と短い段が交互に繰り返すなどリズミカルに歩くことが困難な形状になっていた。

さらに、段差部と床面、階段の踏面同士を溶け込ませるようなデザインで仕上げてしまえば、そのリスクは一段と高くなる。段鼻が目立ちにくく、段差の認識が困難な階段は事故を招きやすい代表的なデザインだ。消す（消える）デザインという点では、視覚障害を持つ人のために配した点字ブロックが、床や路面に溶け込むデザインとなっている事例を見かけることは珍しくない。大抵は、景観など見栄えへの配慮を優先して生まれている。

もちろん、全盲の利用者であれば、点字ブロックの物理的な凹凸という目印が機能的に重要となるものの、視覚に障害を持つ人は完全に視力を失った人だけではない。一般的な舗装で目にする黄色の点字ブロックには、周辺の床や舗装と明度や輝度に差を付けることによって、視力が弱い人にとっても歩行すべき場所を認識しやすくするという狙いがある。より多くの人にとって使いやすい路面や床面にするための点字ブロックという点では、周囲と似た色の点字ブロックを配する行為が本末転倒であるということは言うまでもない。

転倒や転落の発生時に大きなけがにつながりやすい足元のデザイン。安全の点では消す（消える）デザインよりも、存在を認識させるデザインを優先することが肝要だ。

見落とされる「維持管理のデザイン」

建築物や住宅を巡る事故やトラブルを防ぐうえで大切な3つ目の視点が「維持管理のデザイン」だ。建物やそこに用いる建材や設備は、経年とともに劣化する。風雨や気温変化、紫外線の暴露といった周辺環境の作用による劣化だけでなく、使用に伴う摩耗や破損をはじめとした劣化もある。このように劣化の形態は多様であるものの、時間変化に伴うリスク増大にあらがえない点は共通している。

維持管理のデザインでは、まずはこうした物理的な劣化に強い建材や設備を選ぶことが大切になる。耐久性能の高い建材などを選べば、通常は初期の導入コストが少し高くなるケースが増す。それでも、致命的な事故を防ぎやすくなって損害賠償をはじめとしたリスクを低減できたり、取り換えや補修などの回数を減らすことによって長期的な管理コストを下げたりする効果を期待できる。そう考えれば、初期コストの増大にとらわれる愚を減らせるはずだ。

建物の寿命全体で見た場合のコスト管理の手法として、ライフサイクルコストを把握する方法がある。劣化などを招きにくい建材や設備を選ぶことによって、建物所有者や使用者のリスクを低減し、便益を高めるという考え方の普及に期待したい。

建物を長期にわたって安全に利用するためには、初期の段階で維持管理を踏まえた建材選びなどを徹底するだけでは不十分だ。建物の利用が始まった後も、維持管理の方法自体をしっかりとデザインする必要がある。

学校の開口部落下の事例で見たように、維持管理が不十分で事故などに至る事例は少なくない。学校の開口部は通常、定期的な点検を受けている。しかし、その担い手として、教員など建物の専門家ではない人材を当てている自治体は驚くほど多い。こうした自治体では、点検は実施していても、適切なメンテナンスにはつながっていないという実情がある。事例でも紹介したように、窓の落下事故の件では外れ止めに発生していた異常に気がつかず、折角の点検の機会を事故防止に十分に役立てることができなかった。

年間100件超の事故を招いている自動ドアでも、経年によってセンサーの動作に問題が出るという指摘がある。こちらの場合は、そもそも点検すら十分に実施されていないのが実態だ。消費者庁が指摘したように、故障して初めて対応に踏み切る建物管理者は多い。定期的な点検が法令で定められていない建材・設備や建物の場合、維持管理がなおざりになるケースは数多い。

維持管理の不備によるトラブルや事故を防ぐためには、長期にわたって点検が行われないような状況を防ぎ、点検を行った場合でもその内容に抜けや漏れが出ないよう専門家の知見を入れるような周到な取り組みが欠かせない。

建物や構造物の維持管理では、予防保全と呼ぶ手法に注目が集まっている。経年によって建物や建材・設備に生じる劣化が致命的な段階に至る前に軽微な劣化を発見し、手直しや交換に大きな手間がかからないうちに、補修を済ませてしまうという考え方だ。劣化の初期段階で対策を講じるので、通常は対応コストが抑えられる。結果として低いコストで長期にわたって機能を保ちながら施設を使いやすくなるというわけだ。

「初期段階のデザイン」のレベルアップを

維持管理のデザインを周到に進めていても、事故やトラブルは起こり得る。施工段階に問題があった事例、設計段階での思慮不足の事例、建材や設備といった製品自体に問題があった事例などに大別できる。ただ、いずれも各工程の「初期段階のデザイン」に気を配ることが、トラブル防止の要諦となる。

本書で紹介した完成後間もなく落下した外壁タイルの事故事例では、下地処理を最新の技術基準に沿って実施していなかった。下地処理などを最新の知見に沿って適切に実施していれば、外壁落下のリスクを低減できた可能性は小さくない。現場において、最新の技術的知見や基準に沿った施工を励行しているか否か、そして、事前に決められた方法で適切な施工を実施しているか否かのチェックを怠ってはならない。

建物の設計段階での考察が浅かったり、検討が不十分だったりして、建物完成直後から問題が生じてしまう事例もある。事例で紹介した反射光害は、その典型例といえる。太陽の位置は1年を通して日々刻々変わる。そして、建物のデザインや周辺の建物環境や建物に使われている建材などの状況によって日射反射による影響は変化する。

日射の反射による光害を細かくシミュレーションするのは面倒な作業だ。しかし、複数の季節や時刻などでのスタディーやシミュレーションを重ね、リスク抽出を丁寧に行えば、トラブルの火種を小さくすることは難しくない。設計担当者だけで解決できないのであれば、外部で専門的に分析する組織などをうまく活用すればよい。

オートロック式の自動ドアの開閉操作盤をドア面と垂直面に配置して、ドア操作時に子どもの指の引き込まれなどに目が届きにくくなるケースも、設計段階での配慮が足りないケースに区分できる。

設計段階や施工段階での配慮を尽くしても防ぐことが困難なのが、建材や設備などの初期欠陥だ。法改正や安全性への配慮といった制約を受けて代替の材料などを新たに採用した建材でトラブルが起こるケースは少なくない。

事例で紹介したシックスクールの問題は、設計と施工の両面で死角があった事例だ。事例では紹介できなかったものの、アスベストの使用を避けるために開発されたノンアスベストのスレート屋根では、初期に製造された製品の長期耐久性が低いという指摘が屋根補修会社などから出ている。ノンアスベストのスレート屋根において、施工から10年前後でひび割れや欠け、めくれなどの劣化が多発。台風の際にスレート屋根の一部が吹き飛ばされて、近隣住宅のガラスを割るといった実害をもたらした事例も存在する。

先に紹介した自動ドアの例では、そもそも子どもの指の太さが十分に考慮されていないという製品自体の問題を抱えていた。建築部分で適切な設計や施工を行っても、そこに使う製品自体に問題があれば事故やトラブルに至ってしまう。建材や設備の開発に十分な安全配慮が求められるのはもちろん、万一問題が発生した場合には、速やかにその情報開示を進める必要がある。

建築物や住宅は本来、人が安心して時を過ごすシェルターでなければならない。その利用中にけがをしたり病気になってしまったりするのは本末転倒だ。建物づくりや維持管理に携わる人材、不動産仲介・売買などを通じて消費者に商品として建物を提供する人材は、その安全な利用を促す努力を尽くさなければならない。

基本的に物作りをする人たちは良い物を作ろうと思って設計したり施工したりしていると思います
事故やけがを誘発しようと思ってやっているわけではない…はず
ただ、思慮が足りなかったり経験不足だったりした結果事故やけがにつながってしまう
ぜひ本書で紹介された実際のトラブルを教訓に思考を深めていただければと思いますそういう矩子もひよっこですが…

複数の視点を持つ、あるいは2段階の思考を持つ、というのは糸口になるかもしれません
手すりを付けない方がシュールでかっこいい!
もちろん安全のためには手すりがあるべき安全と見た目を両立させるためにもっと考えよう
階段を真っ白く仕上げたらキレイだな
でも段差が分かりにくくなっちゃうなもっと考えよう
一見入り口に見えないような入り口があったら面白いな
美術館のような用途だったらアリかもしれないもっと考えよう
弘前れんが倉庫美術館
ミュージアムショップ エントランス

あとがき

建物を巡る事故がなかなかなくなりません。デジタル技術メディアの「日経クロステック」や建築雑誌「日経アーキテクチュア」で取材・執筆を行っていた頃、何度も同じような内容の事故やトラブルを目にしてきました。どうすれば、建物で起こる悲劇を減らせるのか。考えた末にたどり着いたのは、その時々に発生する事故やトラブルの情報だけでなく、過去の事故やトラブルの知見も繰り返し伝え続けるというシンプルな結論でした。

ただ、情報を伝える際には、相手に関心を持ってもらわなければなりません。過去の事故をそのまま報じても、振り向く人はわずかです。「何か工夫を」と悩んでいるときに出会ったのが、日本文芸社が発行する建築マンガ「一級建築士矩子の設計思考」でした。「日経アーキテクチュア」の小山航記者が担当した書評で、人気ぶりを知ったのです。

過去のコンテンツであっても、人気マンガのキャラクターと考察を加えて提供できれば、新しいコンテンツとして訴求力を持たせられます。しかも、マンガであれば若手からベテランまで広い世代に受け入れられます。早速、日本文芸社の編集担当である中阪康一氏と早坂比呂氏に連絡を取り、「一級建築士矩子の設計思考」の著者である鬼ノ仁氏を含めた面会の場を設けてもらいました。

建物での事故の深刻さとその情報を伝える意義をまくし立てたように記憶していますが、皆さんは耳を傾けてくださり、「日経クロステック」で「一級建築士矩子の設計思考」の主人公を使ったコラムを作成しても構わないと快諾してくれました。これが、本書のベースとなる連載企画の始まりです。連載中の人気マンガのキャラクターを他社のコンテンツにも使ってよいという英断には、ただただ、感謝の言葉しか浮かびません。

建物を巡る事故を扱った裁判では、建築関連の書籍などが発信した情報を建築の世界における一つの常識として判断する例があります。ところが、建物の安全性を高めるために役立つ事故やトラブルを丁寧に紹介した書籍は、あまり存在しません。本書が建物の安全に関する常識を少しでも普及させる役割を担えれば幸いです。

その意味では、本書の情報はまずは建築の実務者に見てもらいたいと思いますが、建物を利用する消費者の方にも知っておいてほしいと考えます。自分自身だけでなく、大切な家族や知人を危険にさらさないよう、建物との付き合い方を知る材料にしてほしいのです。

最後に本書の執筆・制作にご協力いただいた方々に深く謝意を表したいと思います。


日経BP技術プロダクツユニット長　浅野 祐一

日経クロステックさんの思い出 作：鬼ノ仁
何！日経と名の付く会社からWebイラストの話が！
タダでもやる！
※タダではない
よろしく
浅野さん
この人が日経アーキテクチュアで事故やトラブルの記事を書いたんだ
猛者《もさ》じゃん
月にイラスト3枚だけどB4横見開きだから実質作業量は6枚・・・
週2休みを週1にして何とか！
すでに記事と写真で完成してる物に対して何か描くのって思った以上に難しいぞ
月2休みにして何とか！
苦労の末こうやって書籍化まで来ました。
あいぱっど
よかった よかった

著者紹介

浅野祐一（あさのゆういち）

1970年生まれ。95年慶応義塾大学大学院理工学研究科修了、インフラ企業勤務を経て2001年に日経BPに入社。建築雑誌「日経アーキテクチュア」などの執筆・編集を担当する。日経ホームビルダー、日経コンストラクションの各編集長、日経クロステック建設編集長を経て、24年4月から日経BP技術プロダクツユニット長

鬼ノ仁（きのひとし）

1969年生まれ。20歳のときに建築設計事務所に就職。27歳で独立して事務所を開設するも、副業で携わった同人誌がきっかけで99年に商業誌でデビュー。2021年より週刊漫画ゴラクにて「一級建築士矩子の設計思考」の連載を開始

一級建築士矩子《かなこ》と考える危ないデザイン

2024年4月15日　第1版第1刷発行

著者　浅野祐一、鬼ノ仁
編者　日経クロステック
発行者　浅野祐一
発行　株式会社日経BP
発売　株式会社日経BPマーケティング
東京都港区虎ノ門4-3-12
装丁　早坂英莉＋ベイブリッジ・スタジオ
制作　出羽伸之、真崎琴実（TSTJ Inc.）
印刷・製本　図書印刷株式会社

ISBN 978-4-296-20463-2

本書籍に関するお問い合わせ、ご連絡は下記にて承ります。
https://nkbp.jp/booksQA